U0594123

# 大数据信息技术与人工智能研究

李 栋 路 明 刘胜西 ◎ 著

吉林科学技术出版社

图书在版编目（CIP）数据

大数据信息技术与人工智能研究 / 李栋，路明，刘
胜西著 . -- 长春 : 吉林科学技术出版社，2024.8.
ISBN 978-7-5744-1776-2

Ⅰ. G202；TP18

中国国家版本馆 CIP 数据核字第 20243SB700 号

# 大数据信息技术与人工智能研究

| | | |
|---|---|---|
| 著 | 李 栋 路 明 刘胜西 | |
| 出 版 人 | 宛 霞 | |
| 责任编辑 | 赵海娇 | |
| 封面设计 | 金熙腾达 | |
| 制 版 | 金熙腾达 | |
| 幅面尺寸 | 170mm×240mm | |
| 开 本 | 16 | |
| 字 数 | 193 千字 | |
| 印 张 | 12.5 | |
| 印 数 | 1~1500 册 | |
| 版 次 | 2024年8月第1版 | |
| 印 次 | 2024年12月第1次印刷 | |

出　　版　吉林科学技术出版社
发　　行　吉林科学技术出版社
地　　址　长春市福祉大路5788号出版大厦A座
邮　　编　130118
发行部电话/传真　0431-81629529 81629530 81629531
　　　　　　　　　81629532 81629533 81629534
储运部电话　0431-86059116
编辑部电话　0431-81629510
印　　刷　三河市嵩川印刷有限公司

书　　号　ISBN 978-7-5744-1776-2
定　　价　75.00元

# 前　言

近年来，随着互联网的发展，廉价的图形用户界面和大容量存储设备逐渐出现，基于网络环境的信息检索系统以显著优势引起人们的关注。企业要想在激烈的市场竞争中脱颖而出，成为市场的大赢家，就必须运用各种现代化的技术，打造出一套属于自己的决策系统。科学的决策，源于对信息资料的充分了解与认识，信息检索是国家、部门、单位和个人等决策者获取信息的重要途径。信息检索使国家、部门、单位和个人的决策建立在科学基础之上，其大大增加了决策的科学性，降低了决策的盲目性。

信息呈爆炸式增长的同时，信息载体也发生了巨大的变化。除了传统纸介质信息外，每天都有大量的电子信息及各类网上信息涌现出来，这些浩如烟海的信息的多样性、离散性与无序性及其复杂的检索界面和使用方法，增加了信息利用的难度，极大地影响了人们获取信息的质量与效率。而文本挖掘的出现为文本信息的整理、分析提供了更有效的手段。

本书是大数据方向的书籍，主要研究大数据信息技术与人工智能。本书从大数据与人工智能概论介绍入手，针对大数据分析技术、大数据背景下数据挖掘进行了分析研究；并对人工智能在智慧城市开发建设实践中的运用、人工智能在卫生领域的应用做了一定的介绍；还对人工智能在其他领域的应用提出了一些建议。本书对大数据信息技术与人工智能的应用创新有一定的借鉴意义。

本书在写作过程中参考了国内外许多公开发表的相关资料，笔者在此对所涉及的各位专家、学者表示诚挚的感谢。由于写作时间紧迫，加之作者理论水平和实践经验有限，书中难免有不当和疏漏之处，恳请广大读者批评和指正。

# 目　录

第一章　大数据与人工智能概论 ..............................................1

　　第一节　大数据理论基础 ................................................1

　　第二节　人工智能理论基础 .............................................10

第二章　大数据分析技术 ....................................................21

　　第一节　大数据与网络空间安全 .........................................21

　　第二节　大数据与自然语言处理 .........................................33

第三章　大数据背景下数据挖掘 ..............................................47

　　第一节　数据挖掘理论基础 .............................................47

　　第二节　数据挖掘中的模式甄别与网络分析 ...............................51

　　第三节　数据挖掘的其他方法与社会影响 .................................65

第四章　人工智能在智慧城市开发建设实践中的运用 ...........................72

　　第一节　智慧城市的实践运用之智慧码头与智慧综合体 .....................72

　　第二节　智慧城市的实践运用之智慧物流与智慧绿道 .......................99

第五章　人工智能在卫生领域的应用 ........................................121

　　第一节　人工智能应用之院前管理 ......................................121

　　第二节　人工智能应用之院中诊疗 ......................................131

　　第三节　人工智能应用之院后康复 ......................................141

**第六章 人工智能在其他领域的应用** ..................................................**150**

第一节 人工智能技术在机器人领域的应用 ......................150

第二节 电力系统智能化 ..................................................163

第三节 智能金融与智能楼宇 ..........................................173

**参考文献**..................................................................................**191**

# 第一章 大数据与人工智能概论

## 第一节 大数据理论基础

### 一、大数据时代

第三次信息化浪潮涌动，大数据时代全面开启。人类社会信息科技的发展为大数据时代的到来提供了技术支撑，而数据产生方式的变革是促进大数据时代到来至关重要的因素。

#### （一）信息科技为大数据时代提供技术支撑

信息科技需要解决信息存储、信息传输和信息处理三个核心问题，人类社会在信息科技领域的不断进步，为大数据时代的到来提供了技术支撑。

1.存储设备容量不断增加

数据被存储在磁盘、磁带、光盘、闪盘等各种类型的存储介质中，随着科学技术的不断进步，存储设备的制造工艺不断升级，容量大幅增加，速度不断提升，价格却在不断下降。

早期的存储设备容量小，价格高，体积大。例如IBM在1956年生产的一个早期的商业硬盘，容量只有5 MB，不仅价格昂贵，而且体积有一个冰箱那么大。相反，今天容量为1 TB的硬盘，大小只有3.5英寸（约8.89 cm），读写速度达到200 MB/s，价格仅为400元左右。廉价、高性能的硬盘存储设备，不仅提供了海量的存储空间，同时大大降低了数据存储成本。

与此同时，以闪盘为代表的新型存储介质也开始得到大规模的普及和应用。闪盘是一种新兴的半导体存储器，从1989年诞生第一款闪盘产品开始，闪盘技术不断获得新的突破，并逐渐在计算机存储产品市场中确立了自己的重要地位。

闪盘是一种非易失性存储器，即使发生断电也不会丢失数据；因此，可以作为永久性存储设备。它具有体积小、质量轻、能耗低、抗振性好等优良特性。

闪盘芯片可以被封装制作成SD卡、优盘和固态盘等各种存储产品。SD卡和优盘主要用于个人数据存储，固态盘则越来越多地应用于企业级数据存储。一个32 GB的SD卡，体积只有24 mm×32 mm×2.1 mm，质量只有0.5 g。以前7200 r/min的硬盘，一秒钟读写次数只有100 IOPS（Input/Output Operations Per Second），传输速率只有50 MB/s，而现在基于闪盘的固态盘，每秒钟读写次数有几万甚至更高的IOPS，访问延迟只有几十微秒，允许以更快的速度读写数据。

总之，数据量和存储设备容量之间是相辅相成、互相促进的。一方面，随着数据的不断产生，需要存储的数据量不断增加，对存储设备的容量提出了更高要求，促使存储设备生产商制造更大容量的产品满足市场需求；另一方面，更大容量的存储设备进一步加快了数据量增长的速度，在存储设备价格高企的年代，由于考虑到成本问题，一些不必要或当前不能明显体现价值的数据往往会被丢弃。但是，随着单位存储空间价格的不断降低，人们开始倾向于把更多的数据保存起来，以期在未来某个时刻可以用更先进的数据分析工具从中挖掘价值。

2.CPU处理能力大幅提升

CPU处理速度的不断提升也是促使数据量不断增加的重要因素。性能不断提升的CPU，大大提高了处理数据的能力，使得人们可以更快地处理不断累积的海量数据。从20世纪80年代至今，CPU的制造工艺不断提升，晶体管数量不断增加，运行频率不断提高，核心（Core）数量逐渐增多，而同等价格所能获得的CPU处理能力也呈几何级数上升。

3.网络带宽不断增加

进入21世纪，世界各国更是纷纷加大宽带网络建设力度，不断扩大网络覆盖范围和传输速度。总之，大数据时代，信息传输不再遭遇网络发展初期的瓶颈和制约。

## （二）数据产生方式的变革促成大数据时代的来临

数据是人们通过观察、实验或计算得出的结果。数据和信息是两个不同的概念。信息是较为宏观的概念，它由数据的有序排列组合而成，传达给读者某个概念、方法等；而数据则是构成信息的基本单位，离散的数据没有任何实用价值。

　　数据有很多种，比如数字、文字、图像和声音等。随着人类社会信息化进程的加快，在日常生产和生活中每天都会产生大量的数据，比如商业网站、政务系统、零售系统、办公系统、自动化生产系统等，每时每刻都在不断产生数据。数据已经渗透到当今每一个行业和业务职能领域，成为重要的生产因素，从创新到所有决策，数据推动着企业的发展，并使得各级组织的运营更为高效，可以这样说，数据将成为每个企业获取核心竞争力的关键要素。数据资源已经和物质资源、人力资源一样成为国家的重要战略资源，影响着国家和社会的安全、稳定与发展，因此，数据也被称为"未来的石油"。

　　1.运营式系统阶段

　　人类社会最早大规模管理和使用数据，是从数据库的诞生开始的。大型零售超市销售系统、银行交易系统、股市交易系统、医院医疗系统、企业客户管理系统等大量运营式系统，都是建立在数据库基础之上的，数据库中保存了大量结构化的企业关键信息，用来满足企业各种业务需求。在这个阶段，数据的产生方式是被动的，只有当实际的企业业务发生时，才会产生新的记录并存入数据库。比如对于股市交易系统而言，只有当发生一笔股票交易时，才会有相关记录生成。

　　2.用户原创内容阶段

　　互联网的出现，使得数据传播更加快捷，不需要借助磁盘、磁带等物理存储介质传播数据，网页的出现进一步加速了大量网络内容的产生，从而使得人类社会数据量开始呈现"井喷式"增长。

　　3.感知式系统阶段

　　物联网的发展最终促使人类社会数据量的第三次跃升。物联网中包含大量传感器，如温度传感器、湿度传感器、压力传感器、位移传感器、光电传感器等。此外，视频监控摄像头也是物联网的重要组成部分。

## 二、大数据的概念

　　随着大数据时代的到来，"大数据"已经成为互联网信息技术行业的流行词汇。关于"什么是大数据"这个问题，大家比较认可关于大数据的"4V"说法。大数据的四个"V"，或者说是大数据的四个特点，包含四个层面：数据量大（Volume）、数据类型繁多（Variety）、处理速度快（Velocity）和价值密度低（Value）。

## （一）数据量大

人类进入信息社会以后，数据以自然方式增长，其产生不以人的意志为转移。随着 Web 3.0 和移动互联网的快速发展，人们已经可以随时随地、随心所欲发布包括博客、微博、微信等在内的各种信息。以后，随着物联网的推广和普及，各种传感器与摄像头将遍布人们工作和生活的各个角落，这些设备每时每刻都在自动产生大量数据。

综上所述，人类社会正经历第二次"数据爆炸"（如果把印刷在纸上的文字和图形也看作数据的话，那么人类历史上第一次"数据爆炸"发生在造纸术和印刷术发明的时期）。各种数据产生速度之快、产生数量之大，已经远远超出人类可以控制的范围，"数据爆炸"成为大数据时代的鲜明特征。根据著名咨询机构 IDC（Internet Data Center）做出的估测，人类社会产生的数据一直都在以每年 50% 的速度增长，也就是说，每两年就增加一倍，这被称为"大数据摩尔定律"。这意味着，人类在最近两年产生的数据量相当于之前产生的全部数据量之和。

## （二）数据类型繁多

大数据的数据来源众多，科学研究、企业应用和 Web 应用等都在源源不断地生成新的数据。生物大数据、交通大数据、医疗大数据、电信大数据、电力大数据、金融大数据等都呈现出"井喷式"增长，所涉及的数量十分巨大，已经从 TB 级别跃升到 PB 级别。

大数据的数据类型丰富，包括结构化数据和非结构化数据。其中，前者占 10% 左右，主要是指存储在关系数据库中的数据；后者占 90% 左右，种类繁多，主要包括邮件、音频、视频、微信、微博、位置信息、链接信息、手机呼叫信息、网络日志等。

如此类型繁多的异构数据，对数据处理和分析技术提出了新的挑战，也带来了新的机遇。传统数据主要存储在关系数据库中，但是，在类似 Web 2.0 等应用领域中，越来越多的数据开始被存储在非关系型数据库（Not Only SQL，NoSQL）中，这就必然要求在集成的过程中进行数据转换，而这种转换的过程是非常复杂和难以管理的。传统的联机分析处理（On-Line Analytical

Processing，OLAP）和商务智能工具大都面向结构化数据，而在大数据时代，用户友好的、支持非结构化数据分析的商业软件也将迎来广阔的市场空间。

### （三）处理速度快

大数据时代的很多应用都需要基于快速生成的数据给出实时分析结果，用于指导生产和生活实践。因此，数据处理和分析的速度通常要达到秒级响应，这一点和传统的数据挖掘技术有着本质的不同，后者通常不要求给出实时分析结果。

为了实现快速分析海量数据的目的，新兴的大数据分析技术通常采用集群处理和独特的内部设计。

### （四）价值密度低

大数据虽然看起来很美，但是价值密度却远远低于传统关系数据库中已有的那些数据。在大数据时代，很多有价值的信息都是分散在海量数据中的。以小区监控视频为例，如果没有意外事件发生，连续不断产生的数据都是没有任何价值的，当发生偷盗等意外情况时，也只有记录了事件过程的那一小段视频是有价值的。但是，为了能够获得发生偷盗等意外情况时的那一段宝贵的视频，人们不得不投入大量资金购买监控设备、网络设备、存储设备，耗费大量的电能和存储空间来保存摄像头连续不断传来的监控数据。

如果这个实例还不够典型的话，那么可以想象另一个更大的场景。假设一个电子商务网站希望通过微博数据进行有针对性的营销，为了实现这个目的，就必须构建一个能存储和分析新浪微博数据的大数据平台，使之能够根据用户微博内容进行有针对性的商品需求趋势预测。愿景很美好，但是现实代价很大，可能需要耗费几百万元构建整个大数据团队和平台，而最终带来的企业销售利润增加额可能会比投入低许多。从这点来说，大数据的价值密度是较低的。

## 三、大数据的影响

大数据对科学研究、思维方式和社会发展都具有重要而深远的影响。在科学研究方面，大数据使得人类科学研究在经历了实验、理论、计算三种范式之后，迎来了第四种范式——数据；在思维方式方面，大数据具有"全样而非抽样、效率而非精确、相关而非因果"三大显著特征，完全颠覆了传统的思维方式；在社会发展方面，大数据决策逐渐成为一种新的决策方式，大数据应用有力促进了信息技术与各行业的深度融合，大数据开发大大推动了新技术和新应用的不断涌现；在就业市场方面，大数据的兴起使得数据科学家成为热门人才；在人才培养方面，大数据的兴起将在很大程度上改变我国高校信息技术相关专业的现有教学和科研体制。

### （一）大数据对思维方式的影响

#### 1.全样而非抽样

由于数据存储和处理能力的限制，在科学分析中，通常采用抽样的方法，即从全集数据中抽取一部分样本数据，通过对样本数据的分析来推断全集数据的总体特征。通常，样本数据规模要比全集数据小很多，因此，可以在可控的代价内实现数据分析的目的。现在，人们已经迎来大数据时代，大数据技术的核心就是海量数据的存储和处理，分布式文件系统和分布式数据库技术提供了理论上近乎无限的数据存储能力，分布式并行编程框架MapReduce提供了强大的海量数据并行处理能力。

#### 2.效率而非精确

在科学分析中采用抽样分析方法，就必须追求分析方法的精确性，因为抽样分析只是针对部分样本的分析，其分析结果被应用到全集数据以后，误差会被放大。这就意味着，抽样分析的微小误差被放大到全集数据以后，可能会变成一个很大的误差。因此，为了保证误差被放大到全集数据时仍然处于可以接受的范围，必须确保抽样分析结果的精确性。正是基于这个原因，传统的数据分析方法往往更加注重提高算法的精确性，其次才是提高算法效率。现在，大数据时代采用全样分析而不是抽样分析，全样分析结果就不存在误差被放大的问题。因此，追求高精确性已经不是其首要目标；相反，大数据时代具有"秒级响应"的特征，要求在几秒内就迅速给出针对海量数据的实时分析结果，否则就会丧失数据的价值，因此，数据分析的效率成为关注的核心。

#### 3.相关而非因果

数据分析的目的有两个：一是解释事物背后的发展机制，比如一个大型超市在某个地区的连锁店在某个时期内净利润下降很多，这就需要IT部门对相关销售数据进行详细分析并找出发生问题的原因；二是用于预测未来可能发生的事件，比如通过实时分析微博数据，当发现人们对雾霾的讨论明显增加时，就可以建议销售部门增加口罩的进货量，因为人们关注雾霾的一个直接结果是，大家会想到购买一个口罩来保护自己的身体健康。不管是哪个目的，其实都反映了一种"因果关系"。但是，在大数据时代，因果关系不再那么重要，人们转而追求"相关性"而非"因果性"。比如人们去淘宝网购物时，当购买了一个汽车防盗锁以后，淘宝网还会自动提示你，与你购买相同物品的其他客户还购买了汽车坐垫。也就是说，淘宝网只会告诉你"购买汽车防盗锁"和"购买汽车坐垫"之间存在相关性，但是并不会告诉你为什么其他客户购买了汽车防盗锁以后还会购买汽车坐垫。

### （二）大数据对社会发展的影响

#### 1.大数据决策成为一种新的决策方式

根据数据制定决策，并非大数据时代所特有。从20世纪90年代开始，数据仓库和商务智能工具就开始大量用于企业决策。发展到今天，数据仓库已经是一个集成的信息存储仓库，既具备批量和周期性的数据加载能力，也具备数据变化的实时探测、传播和加载能力，并能结合历史数据与实时数据实现查询分析和自动规则触发，从而提供对战略决策（如宏观决策和长远规划等）和战术决策（如实时营销和个性化服务等）的双重支持。但是，数据仓库以关系数据库为基础，无论是数据类型还是数据量方面都存在较大的限制。现在，大数据决策可以面向类型繁多的、非结构化的海量数据进行决策分析，已经成为受到追捧的全新决策方式。比如政府部门可以把大数据技术融入"舆情分析"，通过对论坛、微博、微信、社区等多种来源数据进行综合分析，弄清或测验信息中本质性的事实和趋势，揭示信息中含有的隐性情报内容，对事物发展做出情报预测，协助实现政府决策，有效应对各种突发事件。

#### 2.大数据应用促进信息技术与各行业的深度融合

大数据将会在未来10年重塑几乎每一个行业的业务功能。互联网、银行、保险、交通、材料、能源、服务等行业领域，不断累积的大数据将加速推进这些行业与信息技术的深度融合，开拓行业发展的新方向。比如大数据可以帮助快递公司选择运费成本最低的最佳行车路径，协助投资者选择收益最大化的股票投资组合，辅助零售商有效定位目标客户群体，帮助互联网公司实现广告精准投放，还可以让电力公司做好配送电计划确保电网安全等。总之，大数据所触及的每个角落，社会生产和生活都会因之而发生巨大且深刻的变化。

3.大数据开发推动新技术和新应用的不断涌现

大数据的应用需求是大数据新技术开发的源泉。在各种应用需求的强烈驱动下，各种突破性的大数据技术将被不断提出并得到广泛应用，数据的能量也将不断得到释放。在不远的将来，原来那些依靠人类自身判断力领域的应用，将逐渐被各种基于大数据的应用所取代。比如今天的汽车保险公司，只能凭借少量的车主信息，对客户进行简单类别划分，并根据客户的汽车出险次数给予相应的保费优惠方案，客户选择哪家保险公司都没有太大差别。随着车联网的出现，"汽车大数据"将会深刻改变汽车保险业的商业模式，如果某家商业保险公司能够获取客户车辆的相关细节信息，并利用事先构建的数学模型对客户等级进行更加细致的判定，给予更加个性化的"一对一"优惠方案，那么毫无疑问，这家保险公司将具备明显的市场竞争优势，获得更多客户的青睐。

## （三）大数据对人才培养的影响

大数据的兴起将在很大程度上改变中国高校信息技术相关专业的现有教学和科研体制。一方面，数据科学家是一个需要掌握统计、数学、机器学习、可视化、编程等多方面知识的复合型人才，在中国高校现有的学科和专业设置中，上述专业知识分布在数学、统计和计算机等多个学科中，任何一门学科都只能培养某个方向的专业人才，无法培养全面掌握数据科学相关知识的复合型人才；另一方面，数据科学家需要大数据应用实战环境，在真正的大数据环境中不断学习、实践并融会贯通，将自身技术背景与所在行业业务需求进行深度融合，从数据中发现有价值的信息，但是目前大多数高校还不具备这种培养环境，不仅缺乏大规模基础数据，也缺乏对领域业务需求的理解。鉴于上述两个原因，目前国内的数据科学家人才并不是由高校培养的，而主要是在企业实际应用环境中通过边工作边学习的方式不断成长起来的，其中，互联网领域集中了大多数的数据科学家人才。

在未来5～10年，市场对数据科学家的需求会日益增加，不仅互联网企业需要数据科学家，类似金融、电信这样的传统企业在大数据项目中也需要数据科学家。由于高校目前尚未具备大量培养数据科学家的基础和能力，传统企业很可能会从互联网行业"挖墙脚"来满足企业发展对数据分析人才的需求，继而造成用人成本高企，制约企业的成长壮大。因此，高校应该秉承"培养人才、服务社会"的理念，充分发挥科研和教学综合优势，培养一大批具备数据分析基础能力的数据科学家，有效缓解数据科学家的市场缺口，为促进经济社会发展做出更大贡献。目前，国内很多高校开始设立大数据专业或者开设大数据课程，加快推进大数据人才培养体系的建立。

高校培养数据科学家人才需要采取"两条腿"走路的策略，即"引进来"和"走出去"。所谓"引进来"，是指高校要加强与企业的紧密合作，从企业引进相关数据，为学生搭建起接近企业应用实际的、仿真的大数据实战环境，让学生有机会理解企业业务需求和数据形式，为开展数据分析奠定基础，同时从企业引进具有丰富实战经验的高级人才，承担起数据科学家相关课程教学任务，切实提高教学质量、水平和实用性。所谓"走出去"，是指积极鼓励和引导学生走出校园，进入互联网、金融、电信等具备大数据应用环境的企业去开展实践活动，同时努力加强产、学、研合作，创造条件让高校教师参与到企业大数据项目中，实现理论知识与实际应用的深层次融合，锻炼高校教师的大数据实战能力，为更好培养数据科学家人才奠定基础。

在课程体系的设计上，高校应该打破学科界限，设置跨院系跨学科的"组合课程"，由来自计算机、数学、统计等不同院系的教师构建联合教学师资力量，多方合作，共同培养具备大数据分析基础能力的数据科学家，使其全面掌握包括数学、统计学、数据分析、商业分析和自然语言处理等在内的系统知识，具有独立获取知识的能力，以及较强的实践能力和创新意识。

### 四、大数据关键技术

当人们谈到大数据时，往往并不仅指数据本身，而是数据和大数据技术两者的综合。所谓大数据技术，是指伴随大数据的采集、存储、分析和应用的相关技术，使用非传统工具来对大量的结构化、半结构化和非结构化数据进行处理，从而获得分析和预测结果的一系列数据处理和分析技术。

讨论大数据技术时，需要首先了解大数据的基本处理流程，主要包括数据采集、存储、分析和结果呈现等环节。数据无处不在，互联网网站、政务系统、零售系统、办公系统、自动化生产系统、监控摄像头、传感器等，每时每刻都在不断产生数据。这些分散在各处的数据，需要采用相应的设备或软件进行采集。采集到的数据通常无法直接用于后续的数据分析，因为对于来源众多、类型多样的数据而言，数据缺失和语义模糊等问题是不可避免的，因而必须采取相应措施有效解决这些问题，这就需要一个被称为"数据预处理"的过程，把数据变成一个可用的状态。数据经过预处理以后，会被存放到文件系统或数据库系统中进行存储与管理，然后采用数据挖掘工具对数据进行处理分析，最后采用可视化工具为用户呈现结果。在整个数据处理过程中，还必须注意隐私保护和数据安全问题。

数据采集与预处理：利用ETL工具将分布的、异构数据源中的数据，如关系数据、平面数据文件等，抽取到临时中间层后进行清洗、转换、集成，最后加载到数据仓库或数据集市中，成为联机分析处理、数据挖掘的基础；也可以利用日志采集工具（如Flume、Kafka等）把实时采集的数据作为流计算系统的输入，进行实时处理分析。数据存储和管理：利用分布式文件系统、数据仓库、关系数据库、NoSQL数据库、云数据库等，实现对结构化、半结构化和非结构化海量数据的存储和管理。数据处理与分析：利用分布式并行编程模型和计算框架，结合机器学习和数据挖掘算法，实现对海量数据的处理和分析；对分析结果进行可视化呈现，帮助人们更好地理解数据、分析数据。安全和隐私保护：在从大数据中挖掘潜在的巨大商业价值和学术价值的同时，构建隐私数据保护体系和数据安全体系，有效保护个人隐私和数据安全。需要指出的是，大数据技术是许多技术的一个集合体，这些技术也并不全部都是新生事物，诸如关系数据库、数据仓库、数据采集、ETL、OLAP、数据挖掘、数据隐私和安全、数据可视化等技术是已经发展多年的技术，在大数据时代得到不断补充、完善、提高后，又有了新的升华，也可以视为大数据技术的一个组成部分。

## 第二节　人工智能理论基础

### 一、智能

智能是人们在认识与改造客观世界的活动中，由思维过程和脑力劳动所体现的能力，即系统能灵活、有效、创造性地进行信息获取、信息处理、信息利用的能力。智能的核心在于知识，其包括感性知识与理性知识、经验知识与理论知识，因此，智能也可表达为知识获取能力、知识处理能力和知识适用能力。智能所具有的特征如下：

### （一）具有感知能力

感知能力是指人们通过感觉器官感知外部世界的能力。感知是人类最基本的生理和心理现象，是人们获取外部信息的基本途径。据有关研究，人类大约80%的外部信息是通过视觉得到的，有10%是通过听觉得到的，这表明视觉和听觉在人类感知中占有主导地位。

### （二）具有记忆和思维的能力

记忆和思维是人们有智能的根本原因。记忆用于存储由感觉器官感知到的外部信息及由思维所产生的知识；思维用于对记忆的信息进行处理，即利用已有的知识对信息进行分析、计算、比较、判断、推理、联想和决策等。人的记忆与思维密不可分，其物质基础都是由神经元组成的大脑皮层，通过相关神经元此起彼伏的兴奋与抑制来实现记忆和思维活动。

### （三）具有学习能力和自适应能力

学习是人的本能，它既有可能是自觉的、有意识的，也有可能是不自觉的、无意识的；既可以是教师指导的，也可以是通过实践获得的。每个人都在通过与环境的相互作用，不断进行学习，并通过学习积累知识、增长才干，适应环境的变化，充实完善自己。只是由于个人所处的环境不同、条件不同，学习效果亦不相同，因此体现出不同的智力差异。

### （四）具有行为能力

人们通常用语言或某个表情、眼神及形体动作来对外界的刺激给出反应，并传达某个信息，这称为行为能力或表达能力。若把人们的感知能力看作信息的输入，则行为能力就是信息的输出，它们都受到神经系统的控制。

## 二、人工智能的定义

无论是综合棋力、与超级计算机较量的经验还是求胜的欲望，卡斯帕罗夫都是当时世界战胜超级计算机的第一人选，没有取胜的结局则预示着在国际象棋领域，人类挑战计算机会变得越来越难，但人类仍然会勇敢向计算机发出新的挑战。

下棋的确是一个斗智、斗策的智力运动，棋手不但要有超凡的记忆能力和丰富的经验，还需要很强的思维能力与面对瞬息万变的局势进行快速有效处理的能力。这对人类来说的确是一种智能的表现。

从工程角度来说，人工智能就是要用人工的方法使机器具有与人类智慧有关的功能，如判断、推理、证明、感知、理解、思考、识别、规划、设计、学习和问题求解等思维活动。它是人类智慧在机器上的体现。

计算机本身就是人类智慧的结晶，它的运算能力和存储记忆能力早就超过了人类。"深蓝"可以每秒分析两三亿步棋，可以存储几千场棋赛的资料，而下棋的本质是一种推理性计算，这更是计算机的"强项"，因此，人类输棋不过是早晚的事。尽管如此，"深蓝"仍然不是一台智能计算机，就连开发该计算机系统的IBM专家也承认它离智能计算机还相差甚远，但毕竟它以自己高速并行的计算能力实现了人类智能在机器上的部分模拟，从而在人工智能的研究道路上迈出了坚实的一步。

### 三、人工智能的目标与表现形式

人工智能研究的目标是构造可实现人类智能的智能计算机或智能系统。它们都是为了"使得计算机有智能"，为了实现这一目标，就必须开展"使智能成为可能的原理"的研究。

人工智能的研究目标可分为近期目标和远期目标。人工智能的近期目标是实现机器智能即先部分或某种程度实现机器的智能，从而使现有的计算机更灵活、更好用和更有用，成为人类的智能化信息处理工具。而人工智能的远期目标是要制造智能机器。具体讲，就是要使计算机具有看、听、说、写等感知和交互功能，具有联想、推理、理解、学习等高级思维能力，还要有分析问题、解决问题和发明创造的能力。简言之，也就是使计算机像人一样具有自动发现规律和利用规律的能力，或者说具有自动获取知识和利用知识的能力，从而扩展和延伸人的智能。

人工智能研究的远期目标与近期目标是相辅相成的。近期目标的研究成果为远期目标的实现奠定了基础，也有了理论及技术上的准备，远期目标为近期目标指明了方向。随着人工智能研究的不断深入、发展，近期目标将不断变化，逐步向远期目标靠近。近年来，科研人员在人工智能各领域中所取得的成就充分说明了这一点。

至于人工智能的表现形式，实际上也就是它的应用形式，主要包括以下六种：

### （一）智能软件

智能软件的范围比较广泛，例如它可以是一个完整的智能软件系统，如专家系统、知识库系统等；也可以是具有一定智能的程序模块，如推理模块、学习程序等，这种程序可以作为其他程序系统的子程序，智能软件还可以是有一定知识或智能的应用软件。

### （二）智能设备

它包括具有一定智能的仪器仪表、机器和设施等。例如采用智能控制的机床、汽车、武器装备和家用电器等。这种设备实际上是嵌入了某种智能软件的设备。

### （三）智能网络

智能网络就是智能化的信息网络，具体来讲，其从网络构建、管理、控制和信息传输，到网上信息发布、检索与人机接口等，都是智能化的。

### （四）智能机器人

智能机器人是一种拟人化的智能机器。

### （五）智能计算机

在体系结构方面，智能计算机是要试图打破冯·诺依曼（von Neumann）式计算机的存储程序式的框架，实现类似于人脑结构的计算机体系结构，以期获得自学习、自组织、自适应和分布式并行计算的功能。目前，世界上竞相研制的神经网络计算机、纳米计算机、网格计算机分别从不同角度给出了新一代智能计算机的发展方向。在人机接口方面，智能接口技术要求计算机能够看懂文字、听懂语言、朗读文章，甚至进行不同语言之间的翻译。这些也恰恰是智能理论所要研究的基本问题。因此，智能接口技术既有巨大的应用价值，又有重要的基础理论意义。

### （六）智能体或主体

只能体或主体是一种具有智能的实体，具有自主性、反应性、适应性和社会性等基本特征。智能体可以是软件形式的（如运行在互联网上，进行信息收集），也可以是软硬件结合的（如智能机器人就是一种软硬件结合的智能体）。智能体是20世纪80年代提出的一个新概念，人们试图用它来描述具有智能的实体，以致有人把人工智能的目标就定为"构造能表现出一定智能行为的智能体"。智能体技术及应用是当前人工智能领域研究的一个热门方向。

## 四、人工智能的研究途径

人工智能的研究途径目前主要有一下两种观点：一种观点主张通过运用计算机科学的方法进行研究，通过研究逻辑演绎在计算机上的模拟；另一种观点主张用仿生学的方法进行研究，通过研究人脑的工作模型，搞清楚人类智能的本质。前一种观点称为符号主义，后一种观点称为连接主义。除此之外，还有系统集成与行为主义或进化主义。

### （一）符号主义

符号主义认为，人对客观世界认识的认知基元是符号，而且认知过程即是符号操作的过程。人本身就是一个物理符号系统：人通过自己的眼睛观察客观世界，将所观察的事物以符号的形式表示出来，并输入"人"这个符号系统进行处理，这种处理过程即是符号操作过程，人就是通过这种操作过程达到认知客观世界的目的。而要将客观世界以符号形式表示出来，就要使用数学逻辑，因此符号主义认为人工智能源于数学逻辑。数学逻辑从20世纪30年代起就开始用于描述智能行为。计算机也是一个可以对逻辑符号表示的知识进行逻辑演绎的物理符号系统。人工智能的研究目标是实现机器智能，既然人和计算机都是物理符号系统，就可以用计算机自身所具有的符号处理推算能力来模拟人的智能行为。人工智能的核心问题是知识表示、知识推理和知识运用。知识可以用符号来表示，也可以用符号来进行推理，因而才有可能建立起基于知识的人类智能和机器智能的统一理论体系。该方法的主要特征如下：

一是知识可用显示的符号表示，在已知基本规则的情况下，无须输入大量的细节。

二是立足逻辑运算和符号操作，适合于模拟人的逻辑思维过程，解决需要进行逻辑推理的复杂问题。

三是便于模块化，当个别事实发生变化时易于修改。

四是能与传统的符号数据库进行连接。

五是可对推理结论进行解释，便于人对各种可能性进行选择。

## （二）连接主义

连接主义又称仿生学，它根据人脑的生理结构和工作机制，实现人工智能。人脑是由大约1011个神经细胞组成的一个动态的、开放的、高度复杂的巨系统，以致人们至今对它的生理结构和工作机制还未完全弄清楚。因此，对人脑的真正和完全模拟，一时还难以办到。因此，目前的结构模拟只是对人脑的局部或近似模拟。这种方法一般是通过由人工神经元组成的人工神经网络的"自学习"获得知识，再利用知识解决问题。该方法的主要特征如下：

一是通过神经元之间的并行协同作用实现信息处理，处理过程具有并行性、动态性和全局性。

二是通过神经元间分布式的物理联系存储知识及信息，因而可以实现联想功能，对于带有噪声、缺损、变形的信息能进行有效处理，取得较为满意的结果。

三是通过神经元间连接强度的动态调整来实现对人类学习、分类等的模拟。

四是适合模拟人类的形象思维过程。

五是求解问题时，可以比较快地求得一个近似解。

## （三）系统集成

由上面的讨论可以看出，符号与连接方法各有所长。符号方法善于模拟人的逻辑思维过程，求解问题时，若问题有解，它可准确求出最优解，但求解过程中的运算量将随问题复杂性的增加而按指数增长。另外，符号方法要求知识与信息都用符号表示，但这一形式化的过程须由人来完成，它自身并不具有这种能力。

连接方法善于模拟人的形象思维过程，求解问题时，由于它可以并行处理，因而可以比较快地得到解，但解一般是近似的、次优的。而是连接方法求解问题的过程是隐式的，难以对求解过程给出现实的解释。在此情况下，将二者结合起来可达到取长补短的目的。就目前的研究而言，把两种方法结合的途径有下面两种：

1.结合

两者分别保持原来的结构，但密切合作，任何一方都可把自己不能解决的问题转移给另一方。

2.统一

把两者和谐统一在一个系统中，既有逻辑思维的功能，又有形象思维的功能。

### （四）行为主义或进化主义

这种观点认为智能取决于感知和行动，它不需要知识，不需要表示，不需要推理。其代表人物是布鲁克，他于1991年提出了"没有表达的智能"，这是他根据自己对人造机器动物的研究与实践提出的与众不同的观点。该理论认为，人的本质能力是在动态环境中的行走能力、对外界事物的感知能力、维持生命和繁衍生息的能力，正是这些能力对智能的发展提供了基础，因此，智能行为只能在与现实世界的环境交互作用中表现出来。这似乎符合达尔文的进化论，即人工智能也会像人类智能一样通过逐步进化而实现，而不需要有知识表示和知识推理。该理论的核心是用控制取代知识表示，从而取得概念、模型及显示表示的知识，否定抽象对于智能及智能模拟的必要性，强调分层结构对于智能进化的可能性与重要性。目前，这一观点尚未形成完善的理论体系，有待进一步研究，但由于思路独辟蹊径，因而引起了业内的关注。

### 五、人工智能的研究领域

人工智能研究及应用领域很多，大多是结合具体领域进行的，主要研究领域有问题求解、专家系统、机器学习、模式识别、自然语言理解、机器人学、人工神经网络等。

### （一）问题求解

人工智能的第一大成就是发展了能够求解难题的下棋程序。通过研究下棋程序，人们发展了人工智能中的搜索策略及问题归纳技术。搜索，尤其是状态空间搜索和问题归纳，已成为问题求解的一种十分重要而又非常有效的手段，也是人工智能研究中的一个重要方面。目前有代表性的问题求解程序就是下棋程序，计算机下棋程序涉及中国象棋、国际象棋、跳棋等，已达到国际锦标赛水平。除此之外，另一个问题求解程序是把各种数学公式符号汇编在一起，使其性能达到很高的水平，并正在为许多科学家和工程师所应用。有些程序甚至还能够用经验来改善其性格。

问题求解中未解决的问题包括人类棋手具有的但尚不能明确表达的能力，如国际象棋大师洞察棋局的能力。另一个未解决的问题涉及问题的原概念，在人工智能中叫作问题表示的选择，即人们常能够找到某种思考问题的方法，从而使求解变易而解决该问题。到目前为止，人工智能程序已经知道如何考虑它们要解决的问题，即搜索解答空间，寻求较优的解答。

### （二）专家系统

专家系统是目前人工智能中最活跃、最有成效的一个研究领域。专家系统是一种基于人类专家知识的程序系统。专家系统的特点是拥有大量的专家知识（包括领域知识和经验知识），能模拟专家的思维方式，面对领域中复杂的实际问题，能做出专家水平级的决策，可以像专家一样解决实际问题。

专家系统和传统的计算机程序最本质的不同之处在于专家系统所要解决的问题一般没有算法解，并且经常要在不完全、不精确或不确定的信息基础上做出结论。专家系统可以解决的问题一般包括解释、预测、诊断、设计、规划、监控、指导和控制等。高性能的专家系统也已经从学术研究开始进入实际应用研究阶段。

### （三）机器学习

学习能力无疑是人工智能研究上最突出和最重要的一个方面，学习是人工智能的主要标志和获取知识的基本手段。要使机器像人一样拥有知识和具有智慧，就必须使机器拥有获得知识的能力。使机器获得知识的方法一般有两种。

第一，把有关知识归纳、整理在一起，并用计算机可接受、处理的方式输入计算机中。

第二，使计算机自身具有学习能力，它可以直接向书本、教师学习，也可以在实践中不断总结经验、吸取教训，实现自我不断完善。

后一种方式一般称为机器学习。机器学习是研究如何使用计算机来模拟人类学习活动的一个研究领域。更严格地说，就是研究计算机获取计算机新知识和新技能、识别现有知识、不断改善性能、实现自我完善的方法。机器学习研究的目标有三个，分别是人类学习机制研究、学习方法研究、建立面向具体任务的学习系统。

机器学习是一个难度较大的研究领域，它与脑科学、神经心理学、计算机视觉、计算机听觉等有密切联系，并依赖这些学科的共同发展。科研人员从20世纪50年代就开始研究机器学习，虽然已取得了不少成就，但仍存在不少困难和问题。

### （四）模式识别

机器感知就是计算机直接"感觉"周围世界，它是机器智能的一个重要方面，也是机器获取外部信息的基本途径。模式识别就是研究如何使机器具有感知能力的一个研究领域。所谓模式是机器对一个物体或某些其他感兴趣的事物所进行的定量或结构的描述，而模式类是指具有某些共同属性的模式集合。用机器进行模式识别的主要内容是研究一种自动技术。依靠这种技术，机器就可自动地或人尽可能少干预地把模式分配到它们各自的模式类中。

模式识别的主要目标就是用计算机来模拟人的各种识别能力，当前主要是对视觉、听觉能力的模拟，并且主要集中于图形、语音识别。

图形识别主要是研究各种图形（如文字、符号、图形、图像和照片等）分类。例如识别各种印刷体和某些手写体文字，识别指纹、白细胞和癌细胞等，这方面的技术已进入实际阶段。语音识别主要是研究各种语音信号的分类。语音识别技术近年来发展很快，现已有商品化产品（如汉字语音录入系统）上市。

模式识别的过程大体是先将摄像机、送话器及其他传感器接收的外界信息转变为电信号序列进行各种预处理，从中抽出有意义的特征，得到输入信号的模式，然后与机器中原有的各个标准模式进行比较，完成对输入信息的分类识别工作。

## （五）自然语言理解

自然语言理解就是使计算机理解人类的自然语言，如汉语、英语等，并包括口头语言和文字语言两种形式。试想，计算机若能理解人类的自然语言，则计算机的使用将会变得十分方便和简单。自然语言理解就是研究如何让计算机理解人类自然语言的一个研究领域。具体说，要达到如下三个目标：

一是计算机能正确理解人们用自然语言输入的信息，并能正确回答输入信息中的有关问题。

二是对输入信息，计算机能产生相应的摘要，能用不同词语复述输入信息的内容。

三是计算机能把用某一种自然语言表示的信息自动翻译为另一种自然语言。

然而，对自然语言的理解却是一个十分艰难的任务。即使建立一个仅能理解只言片语的计算机系统，也是很不容易的。这中间有大量的极为复杂的编码和译码问题。

从微观上讲，理解是指从自然语言到机器内部表示的一种映射；从宏观上讲，理解是指机器能够完成人所希望的一些功能。因此，理解实际是感知的延伸，或者说是深层次的感知；理解不是对现象或形式的感知，而是对本质和意义的感知。

一个能理解自然语言信息的计算机系统看起来就像一个人一样需要有上下文知识，以及根据这些上下文知识和信息用信息发生器推理的过程。理解口头和书写的片段语言的计算机系统所取得某些进展的基础，就是有关表示上下文知识结构的某些人工智能思想以及根据这些知识进行推理的某些技术。

## （六）机器人学

人工智能研究日益受到重视的另一个分支是机器人学，其中包括对操作机器人装置程序的研究。这个领域研究的问题，从机器人手臂的最佳移动到实现机器人目标的动作序列的规划方法，无所不包。尽管科研人员已经建立了一些比较复杂的机器人系统，不过现正在工业运行的成千上万台机器人，都是一些按预定编好的程序执行某些重复作业的简单装置。程序的生成及装入有以下两种方式：一种是由人根据工作流程编制程序并将它输入机器人的存储器中；另一种是"示教-再现"方式。所谓示教是指在机器人第一次执行任务之前，由人引导机器人去执行操作，即教机器人去做应做的工作，机器人将其所有动作一步步记录下来，并将每一步表示为一条指令，示教结束后机器人再执行这些指令（再现），以同样的方法和步骤完成同样的工作。若任务和环境发生了变化，则要重新进行程序设计。这种机器人属于可再编程序控制机器人，也可以称为第一代机器人。它能有效地从事安装、搬运、包装、机器加工等工作，但是它只能刻板地完成程序规定的动作，不能适应变化了的情况。第二代机器人的主要标志是自身配备有相应的感觉传感器，如视觉、触觉和听觉传感器等，并用计算机进行控制。这种机器人通过传感器获取作业环境、操作对象的简单信息，然后由计算机对获得的信息进行分析、处理，从而控制机器人的动作。由于它能随着环境的变化而改变自己的行为，故称为自适应机器人，它虽然具有一些初级的智能，但还没达到完全"自治"的程度，有时人们也称这类机器人为人-眼协调型机器人。第三代机器人是指具有类似于人类智能的所谓智能机器人。该种机器人具有感知环境的能力，配备有视觉、听觉、触觉、嗅觉等感觉器官，能从外部环境中获取有关信息，具有思维能力，能对感知的信息进行处理，以控制自己的行为。它还具有作用于环境的行为能力，能通过传动机构使自己的"手""脚"等肢体行动起来，正确、灵巧地执行思维机构下达的命令。

### （七）人工神经网络

人工神经网络的研究始于20世纪40年代。人工神经网络是一个用大量称为人工神经元的简单单元经广泛连接而组成的人工网络，其用来模拟大脑神经系统的结构和功能。在经历了几十年的曲折发展之后，到了20世纪80年代，对神经网络的研究再次出现高潮。

对神经网络模型、算法、理论分析和硬件实现的大量研究，为神经网络计算机走向应用提供了物质基础。现在，神经网络已成为人工智能中一个极其重要的研究领域，它在机器学习、专家系统、智能控制、模式识别、计算机视觉、自适应滤波、信息处理、非线性系统辨识以及非线性系统组合优化等领域已经取得显著的成就。这说明模仿生物神经计算功能的人工神经网络具有通常的数字计算机难以比拟的优势，而且人工神经网络正在获得越来越多研究人员和工程人员的关注。

# 第二章　大数据分析技术

## 第一节　大数据与网络空间安全

### 一、网络空间大数据安全分析

#### （一）安全事件关联分析

1.先决条件分析

基于先决条件的关联方法是指通过对较早发生安全事件行为的结果和较晚发生安全事件行为的先决条件进行比较，对两个安全事件进行关联。入侵的先决条件是指一次入侵取得成功的必需条件；结果是指一次攻击成功后所产生的结果，可以是攻击者所获得的信息，也可以是受害者所受到的破坏。比如超级报警类就是用来表示一种报警类型的先决条件及结果。

2.相似度分析

基于相似度的关联方法是一种可用于实时的安全事件关联分析方法。该方法通过计算属性值的概率相似度，得到报警信息之间的概率相似度，从而对报警信息进行关联。对相似报警（来自相同的源或目的地址的报警）进行关联时非常有效，不需要事先了解各个报警的关联信息，自动通过关键属性值对报警信息进行关联，自动生成关联序列，融合来自不同类型报警器的报警信息。并且通过设定概率最小匹配标准，可以防止在不重要属性上的欺骗而造成的错误关联。

3.时间序列分析

基于时间序列分析的关联算法通过已经收到的历史报警信息来建立关于报警事件的预测模型，然后通过训练出的预测模型去计算其与哪个正处于关联过程中的攻击序列最接近，从而完成整个事件关联的工作。

## （二）网络异常检测分析

### 1.社交网络异常检测

社交网络异常检测的目标是检测异常用户，如虚假广告投放、网络欺诈、僵尸粉攻击、重复发布敏感信息等，保护普通用户的权益，保障社交网络的稳定与安全。社交网络异常用户账号的创建、维护和发挥作用是一个动态过程，包括创建、发展和应用阶段。

社交网络异常检测的方法主要分为基于网络连接图模型和基于节点特征的分析方法。基于网络连接图模型的分析方法主要根据异常用户与正常用户具有不同的拓扑结构，找到图的异常结构或节点，从而检测出异常用户。基于节点特征的分析方法对社交网络的节点提取包括注册属性、发布内容、活动行为、连接关系等在内的一类或几类特征，构建多维特征向量，综合分析社交网络用户的不同属性，再运用监督学习或无监督学习等方式进行异常用户的检测。

### 2.工业控制网络异常检测

工业控制网络异常检测的目标是通过对工业生产设备网络流量的监控和分析，实现对异常攻击行为的发现，保障工业控制系统和国家关键基础设施的安全。工业控制网络异常检测的主要方法有规则匹配、机器学习、遗传算法等。下面以机器学习技术为例简述工控网络异常检测的一般过程。

训练数据包括利用攻击样本进行模拟攻击、调研已知存在攻击行为的网络数据流量和不存在攻击行为的安全数据流量。通过数据预处理、特征提取和LSTM模型训练的过程可得到网络攻击事件识别模型。

在实际应用中，首先通过数据采集装置采集工控设备运行过程中的实时网络数据，并将得到的原始网络数据进行预处理、特征提取等模块的处理以得到数值化的特征向量；其次，将向量输入之前训练好的识别模型中，根据模型输出结果计算出攻击威胁值得分；最后，根据模型的输出得分对当前网络环境是否存在网络攻击进行实时识别，同时对网络所面临的威胁程度给予分级评估，为工控网络安全防护决策提供信息支持。

### 3.通信网络异常检测

通信网络异常检测的目标是监控通信网络，检测通信网络攻击行为，实现对通信网络的保护，建立通信网络的安全防御体系，保障通信系统和国家关键基础设施的安全。

通信网络异常检测的方法主要有基于规则的方法、基于统计的方法以及基于机器学习的方法。基于规则的方法是通过人工分析建立一个描述正常访问行为的规则集，从而实现异常检测。基于统计的方法是对正常通信网络数据，如URL参数值长度的均值和标准差、参数的个数、参数的字符分布、URL的访问频率等进行数值化的特征提取、分析、建模，从而依据统计学方法建立数学模型实现通信网络异常检测。然而，以上两种方法都需要大量人工参与和丰富的专家知识，因此难以实现自动检测。而基于机器学习的方法是对通信网络数据进行特征提取，然后利用机器学习模型对通信网络数据进行分类，最终自动得到通信网络为异常或正常的检测结果。因此，本部分以基于机器学习的通信网络异常检测方法为例介绍通信网络异常检测。

### （三）数据内容安全分析

#### 1.违规文本检测

违规文本指带有敏感政治倾向（或反执政党倾向）、暴力倾向、不健康色彩和不文明的文本。违规文本检测的目标是通过技术手段从网络传输的海量文本内容中准确识别出违规文本，对违规文本进行监管，从而净化网络环境和保障社会安定团结。

现有的违规文本检测方法有基于关键词过滤方法、基于关键词文法过滤方法、基于机器学习方法以及融合关键词与机器学习的混合方法。基于关键词过滤方法效率高，但是由于分词歧义问题导致误检测，泛化能力较弱，词库的维护成本高。基于关键词文法过滤模式考虑了关键词的上下文，相比关键词过滤拥有了一定的消除歧义能力，但是关键词文法需要人工总结归纳，同时，不断涌现的变种使挖掘拦截文法的人力成本不可控。基于机器学习方法在实际应用中也难以应对变种问题。

#### 2.敏感图像检测

敏感图像不仅包含爆炸火灾图像、暴乱图像、血腥图像、军事武器图像、杀人图像、尸体图像、暴恐人物图像、警察部队图像、隐私图像等图像，还包含嵌入了攻击党和政府的标语与谣言、分裂组织的标语口号、违法广告信息等违法不良信息的文本图像。敏感图像检测的目标是通过技术手段从网络传输的海量图像内容中准确识别出敏感图像，对敏感图像进行监管，从而净化网络环境，保障社会安定团结。

敏感图像检测主要分为基于传统肤色算法的检测方法和基于深度学习的检测方法。基于肤色算法的检测方法通过计算图像中的肤色区域的面积比例，并设定阈值确定该图像是否是敏感图像。但是由于背景颜色、光照条件、图像质量的影响，此类方法容易出现误判和漏判，而深度学习可以模拟人类通过网络进行视觉感知的方法，通过层层构建网络自动学习更多的隐藏特征，获得目标的整体感知。因此，本部分将以隐私人物图像检测及过滤系统为例介绍基于深度学习的敏感图像检测方法。

## （四）安全态势感知分析

网络安全态势是由各种网络设备运行状况、网络行为、用户行为等因素所构成的整个网络当前状态和未来变化趋势。

1.安全态势理解

安全态势理解是安全态势感知的第一步，目标是通过监视网络数据流为安全态势评估奠定数据基础。安全态势理解的数据来源于部署在不同位置的检测设备——防火墙和系统的报警日志、恶意代码检测系统、漏洞扫描系统以及渗透测试系统的检测结果。由于不同检测设备的检测方法和输出结果不同，这些数据在格式和数量上有较大的差异。通过数据融合技术可以对海量异构安全数据进行处理得到规范化的数据，从而为接下来的安全态势评估提供支持。

数据融合技术是把来自不同数据源的数据进行结合的方法和工具的形式化描述。目标提取即通过不同的观测设备采集的观测数据，联合起来形成对目标的描述，从而产生目标的轨迹，并融合该评估目标的类型、状态和位置等属性。态势提取即通过把存在于态势评估过程中的目标联系在一起形成态势评估，或把目标评估相互关联。威胁提取即考虑态势评估可能出现的结果形成威胁评估，或把它们与存在的威胁联系在一起。过程提取即确定如何提高上述三个过程的评估能力，确定怎样控制传感器来获取最重要的数据，从而最大限度地提高评估能力。

2.安全态势评估

安全态势评估是态势感知的核心，目标是对网络安全状况的定性定量描述。其中，定性的评估方法是在风险评估过程中，仅使用定性的等级描述方式实现对评估因素的测量。定量的评估方法是指对评估因素的测量通过数值体现，并且根据上述因素的测量值，利用一定的算法得到最终的风险值。定量的评估方法主要可以分为如下四个步骤：

（1）确定关键资产及其价值，即确定所需要保护的对象，包括有形资产和无形资产。

（2）分析并量化资产所面临的威胁，分析可能对资产造成损失的潜在事件，确定威胁可能发生的概率及潜在损失的大小。

（3）分析并量化系统脆弱点，即分析可能被威胁利用而造成损失的漏洞和安全隐患，确定脆弱点可能被利用的概率。

（4）风险计算，即根据上述量化值，通过公式得到最终的量化风险值。

多层次的态势评估框架包括专题层次、要素层次和整体层次三个层次。每个层次分别从不同的角度、不同的粒度对网络安全态势进行评估。其中，专题层次是对影响网络安全状况各个具体因素的评估，分为资产评估、威胁评估、脆弱性评估和安全事件评估四个角度；每个角度根据评估的范围不同又可分为不同的粒度。

3.安全态势预测

安全态势预测是安全态势感知的最高层，目标是基于过去和当前的态势评估结果，对网络整体或局部的安全态势在未来某个时间点或一段时间的发展趋势进行预测。

网络管理人员通过态势评估过程所获得的安全态势感知结论是对当前和历史网络安全状况的评价。由于态势理解过程需要一定的处理时间，态势评估结果产生的同时，网络的安全态势已经发生改变。因此，态势评估结果体现的是一种"事后补偿"措施，而无法达到"事前预防"的管理预期，而网络安全态势预测可有效改善"事后补偿"机制的不足。

4.安全态势可视化

安全态势可视化的目标是将态势感知评估和预测的结果以可视化的形式展现给用户，使用户做出决策处理。

安全态势可视化技术的选用不仅要符合态势感知的三个层次，即理解、评估和预测；同时要满足信息保障中可视化技术在监控、通信等方面的需求。根据问题的不同以及想展示侧重点的不同，可视化所采用的图形也不尽相同。例如展示存在层次结构的数据时会优先选择树图，具有时序性的同类数据展示会选择折线图，展示网络拓扑图的时候，节点连接图则是更好的选择。各可视化图形各有所长，要较全面地展示安全态势感知的状况，一般都会有两种以上的可视化图形结合。

## 二、网络空间大数据安全防护

### （一）大数据的威胁与攻击

1.数据平台安全威胁

大数据平台安全是对大数据平台传输、存储、运算等资源和功能的安全保障，包括传输交换安全、存储安全、计算安全、平台管理安全、平台基础设施安全。传输交换安全是指保障与外部系统交换数据过程的安全可控，需要采用接口鉴权等机制，对外部系统的合法性进行验证，采用通道加密等手段保障传输过程的机密性和完整性。存储安全是指对平台中的数据设置备份与恢复机制，并采用数据访问控制机制来防止数据的越权访问。计算组件应提供相应的身份认证和访问控制机制，确保只有合法的用户或应用程序才能发起数据处理请求。平台管理安全包括平台组件的安全配置、资源安全调度、补丁管理、安全审计等内容。此外，平台软硬件基础设施的物理安全、网络安全、虚拟化安全等是大数据平台安全运行的基础。

大数据平台系统架构面临的安全威胁主要来自三个方面。一是各类新型软件、硬件、协议的并入带来的未知安全漏洞。随着大数据平台的不断扩展，以云计算等为特点的新型软硬件系统的并入所带来的新的安全漏洞成为大数据平台安全性的重要威胁。同时，现有的安全防护技术无法对新技术的未知漏洞进行实时监控。二是大数据平台自身安全保障机制薄弱。以Hadoop为参考框架的大数据平台，其自身就存在安全威胁。如身份认证、权限控制、安全审计等不健全，降低了网络安全水平。三是以分布式计算、存储为特征的计算模式模糊了安全边界。大数据平台底层协议相对复杂，加之开放性存储和计算框架，使得网络安全边界难以界定，也给大数据安全带来威胁。

2.基础设施安全威胁

大数据基础设施的安全威胁是大数据安全威胁的重要组成成分。大数据的收集、存储和分析均依赖相关的基础软件和硬件设施。大数据基础设施包括存储设备、计算设备、一体机和其他基础软件（如虚拟化软件）等。这些基础设施的安全威胁主要包括如下五类：

（1）非授权访问。

（2）信息泄露和丢失。

（3）网络基础设施传输过程中被破坏数据的完整性。

（4）拒绝服务攻击。

（5）网络病毒传播。

3.模型攻击安全威胁

机器学习模型通过大数据训练学习所得，针对机器学习模型的攻击也是数据安全主要威胁之一。现有的大多数机器学习模型都是针对一个非常弱的威胁模型设计实现的，没有更多地考虑攻击者。尽管在面对自然的输入时，这些模型能有非常完美的表现，但在现实环境下这些机器学习模型会遇到大量的恶意用户甚至是攻击者。

（1）试探性攻击

如今，机器学习已经形成了一个商业模式，各大IT公司，如Google、亚马逊、微软都推出了机器学习平台。这种机器学习即服务的模式为那些不具备训练能力的数据持有者基于自己的数据，针对特定的应用场景训练自己的预测模型提供了便利。他们可以基于自己的数据，利用平台上的计算资源和机器学习即服务提供的模型或算法训练自己的预测模型，然后对外开发自己的预测接口，按需收费。尽管机器学习即服务给用户提供了极大的便利，但同时也将数据持有者的隐私数据暴露在了攻击者的试探性攻击之下。

试探性攻击，即通过一定的方法窃取模型，或通过某种手段恢复一部分训练机器学习模型所用的数据来推断用户的某些敏感信息。试探性攻击对机器学习模型的威胁总体来讲可以分为两类：数据窃取和模型窃取。

数据窃取是指取得整个训练数据的大致内容，得知其统计分布，或给定某条数据，测试它是否在训练数据集之中。成员推断攻击是数据窃取的一种方法。在这种攻击中，攻击者可以通过模型的API和一些数据记录信息推测出这些数据记录是否是模型训练集的一部分。但如果运用在以病患资料训练而成的模型中，这种攻击将会泄露训练数据中个别病患的信息。该方法首先利用训练数据和目标模型返回的预测概率向量及标签，训练一个与目标模型架构相似的影子模型（Shadow Model），这样就有了某条数据是否属于影子模型训练集的ground truth（基准真实值）。其次，将这些数据输入目标模型，利用API返回的预测概率向量和标签（或许包含在训练集中的这一标签）来训练一个分类模型；此分类模型输出该数据是否属于目标模型的训练数据。最后，如果将来要判断某条数据是否属于目标模型的训练数据，就将该数据输入目标模型API返回的预测概率向量和标签，送入训练好的分类模型。

（2）对抗样本攻击

目前机器学习技术被广泛应用在人机交互、推荐系统、安全防护等各领域。具体场景包括语音、图像识别、信用评估、防止欺诈、过滤恶意邮件、抵抗恶意代码攻击、网络攻击等。攻击者也试图通过各种手段绕过，或直接对机器学习模型进行攻击达到对抗目的。

对抗样本攻击是指攻击者通过对数据源的细微修改，设计出一种有针对性的数值型向量，达到用户感知不到而让机器学习模型接收该数据后做出错误判断的目的。

对抗性攻击首先构造对抗样例，其次将该对抗样例像正常数据一样输入机器学习模型，最后得到欺骗的识别结果。在构造对抗样例的过程中，根据攻击者掌握机器学习模型信息的多少，可以分为白盒攻击和黑盒攻击。

4.高级持续性攻击威胁

高级持续性威胁攻击，简称APT攻击，也被称为定向威胁攻击。它是指利用各种先进的攻击手段，对高价值目标进行的有组织、长期持续性的网络攻击行为。APT攻击需要长期经营与策划，才可能取得成功，因此具有极强的隐蔽性和针对性。它往往不会追求短期的经济收益和单纯的系统破坏，而是专注于步步为营的系统入侵。

（1）APT攻击方法

APT攻击通常通过以下六种途径入侵到目标网络中。

①通过SQL注入等攻击手段突破面向外网的Web Server。

②通过被入侵的Web Server做跳板，对内网的其他服务器或桌面终端进行扫描，并为进一步入侵做准备。

③通过密码爆破或者发送欺诈邮件，获取管理员账号，并最终突破AD服务器或核心开发环境。

④被攻击者的私人邮箱自动发送邮件副本给攻击者。

⑤通过植入恶意软件，如木马、后门、Downloader等恶意软件，回传大量的敏感文件（Word、PPT、PDF、CAD文件等）。

⑥通过高层主管邮件，发送带有恶意程序的附件，诱骗员工点击并入侵内网终端。

（2）APT攻击威胁

APT攻击对大数据安全的威胁为利用多种攻击手段，包括各种最先进的手段和社会工程学等方法，逐步获取进入国家的重要基础设施和单位内部的权限，包括能源、电力、金融、国防等关系到国计民生或国家核心利益的网络基础设施，导致大数据泄露，威胁国家安全。

大数据时代手机、社交网络等互联设备中的大数据可从时空和社会情境两个维度对人进行双重锁定，给用户隐私安全带来极大隐患。

针对大数据的高级持续性攻击主要呈现以下技术特点：

①攻击者往往使用恶意网站，用钓鱼的方式诱使目标上钩。

②攻击者也经常采用恶意邮件的方式攻击受害者，并且这些邮件都被包装成合法的发件人，且邮件附件中隐含的恶意代码往往都是0day漏洞，传统的邮件内容分析也难以奏效。

③某些攻击是直接通过对目标公网网站的SQL注入方式实现的。

④攻击者控制受害机器的过程中，往往使用SSL连接，导致现有的大部分内容检测系统无法分析传输的内容，同时也缺乏对可疑连接的分析能力。

## （二）大数据安全防护技术

### 1.可信计算

可信计算技术是指在计算机运算的同时进行安全防护，使计算结果与预期一样，计算过程可测可控，不被干扰。简单来说，就是一种运算与防护并存的主动免疫的新计算模式，具有身份识别、状态度量、保密存储等功能。

可信计算技术目前较为成熟地应用于可信支付终端，例如银联电子支付，在系统终端嵌入可信计算模块（Trusted Cryptography Module，TCM），与后台服务器完成认证后，支持用户使用银联卡完成网上支付、账户查询等功能，利用TCM保证支付过程安全可信。

## 2.访问控制

访问控制技术是指按用户身份及其所归属的某项定义组来限制用户对某些信息项的访问，或限制其对某些控制功能的使用。

访问控制技术可分为自主访问控制、强制访问控制和基于角色访问控制三种。

自主访问控制是指基于访问控制表，即在客体上附加一个主体明细表，由资源所有者来决定其他主体的资源访问权限。其优点是灵活方便，但也存在安全性能低、管理难度较大等缺点。

强制访问控制是一种多级访问控制策略，是指系统对主体和客体实行强制访问控制。该访问控制方法安全性能较高，但管理难度很大。

## 3.匿名化隐私保护

隐私保护是指利用匿名化技术使个人或集体等实体不愿意被外人知道的信息得到应有的保护。数据发布中往往会带有包含若干条记录的数据表文件，其中每条记录均包含个体的属性，这些属性的集合称为微数据集。

攻击者通常通过链接攻击来窃取微数据集，链接攻击是通过多渠道获取和整合信息来获取隐私数据的攻击方法，而大数据概念的产生是这种攻击方式的强力催化剂。匿名化是防止因链接攻击所造成的隐私泄露的主要技术之一。匿名化隐私保护的方法有基于数据加密的方法、基于限制发布的方法和基于数据失真的方法。

基于数据加密的方法是采用加密技术在数据挖掘过程隐藏敏感数据的方法，包括安全多方计算SMC，即两个或多个站点通过某种协议完成计算后，每一方都只知道自己的输入数据和所有数据计算后的最终结果；还包括分布式匿名化，即保证站点数据隐私、收集足够的信息实现利用率尽量高的数据匿名。

基于限制发布的隐私保护方法不断地被改进，但同时又有新的攻击方法出现，K-anonymity的传统隐私保护模型陷入一种无休止的循环中。从根本上来说，传统隐私保护模型的缺陷在于对攻击者的背景知识和攻击模型都给出了过多的假设。但这些假设在现实中往往并不完全成立，因此总是能够找到各种攻击方法来进行攻击。直到基于数据失真的差分隐私技术的出现，这一问题才得到较好的解决。

4.联邦学习

联邦学习是多个客户端（如移动设备或整个组织）在一个中央服务器（如服务提供商）下协作式地训练模型的机器学习框架，该框架保证训练数据去中心化。联邦学习通过收集局部数据并使用最小化原则，可以大大降低使用传统中心化机器学习方法所带来的一些系统性隐私风险和成本，是一种大规模部署保护隐私的解决方法。

联邦学习的典型工作流程如下：

（1）问题识别

模型工程师找出使用联邦学习须解决的问题。

（2）客户端设置

如有需要，将客户端（如在手机上运行的APP）设置为在本地存储必要的训练数据（尽管时间和数量都存在限制）。在很多案例中，APP已经存储了数据（如文本短信APP必须存储文本信息，照片管理APP存储照片）。但是，在另一些案例中，还需要保留额外的数据或元数据（如用户交互数据），以便为监督学习任务提供标签。

（3）模拟原型开发（可选）

模型工程师可能为模型架构开发原型，并用代理数据集（Proxy Dataset）在联邦学习模拟环境中测试学习超参数。

（4）联邦模型训练

启动多个联邦训练任务，来训练模型的不同变体，或者使用不同的优化超参数。

（5）（联邦）模型评估

在任务经过充分训练后（通常需要数天），分析模型并选择优秀的候选模型。分析可能包括在数据中心的标准数据集上计算得到的度量，或者模型在留出客户端上评估本地客户端数据的联邦评估结果。

（6）部署

最后，在选择好模型之后，就要进入标准的模型部署流程。该流程包括手动质量保证、实时A/B测试（在一些模型上使用新模型，在另一些模型上使用之前的模型，然后对比其性能）以及分阶段部署（Staged Rollout，这样可以在发现较差行为时及时回退，以免影响过多用户）。模型的特定安装流程由应用的所有者设置，通常独立于模型训练过程。

也就是说，对使用联邦学习或传统数据中心方法训练得到的模型，都可以同样地使用该步骤。

5.身份认证

身份认证是指信息系统或网络中确认操作者身份的过程。传统的认证技术通过用户所知的口令或者持有凭证来鉴别用户；基于大数据的认证技术则通过收集用户行为和设备行为数据，对这些数据分析，获得用户行为和设备行为的特征，进而确定其身份。

认证技术具备安全性较强的特点，攻击者很难模拟用户行为通过认证，同时该方法实施时用户负担很小，且能更好地支持各系统认证机制的统一。但该方法也存在相应的缺点：初始阶段认证缺乏大量数据，导致认证分析不准确，且收集信息过程中可能涉及用户隐私。

（1）静态密码

静态密码是最传统的身份认证技术，"账号＋密码"身份验证方式中提及的密码为静态密码，是由用户自己设定的一串静态数据。静态密码一旦设定之后，除非用户更改，否则将保持不变。在网络登录时输入正确的密码，计算机就认为操作者是合法用户。实际上，许多用户为了防止忘记密码，经常采用诸如生日、电话号码等容易被猜测的字符串作为密码，或者把密码抄在纸上放在一个自认为安全的地方等，这样很容易造成密码泄露。如果密码是静态数据，在验证过程中存在被木马从内存中获取或恶意截获的风险。因此，静态密码机制无论是使用还是部署都非常简单。但从安全性上讲，容易被偷看、猜测、字典攻击、暴力破解、窃取、监听、重放攻击、木马攻击等。

（2）动态令牌

动态令牌是用于产生动态口令的身份认证终端设备，它需要配合后台认证系统进行使用。动态口令也称一次性口令。动态口令是变动的口令，其变动来源于产生口令的运算因子的变化，比如时间、次数、交易金额、对方账号、交易流水号等信息。动态口令的产生因子一般都采用多运算因子。其一为令牌的种子密钥，它是代表用户身份的识别码，是固定不变的；其二为变动因子，正是这些变动因子的不断变化，才产生了不断变动的动态口令。

动态令牌简单易用，且由于口令不断变化（口令用过之后立即作废），所以安全性较静态口令有较大幅度的提高。它有多种形态，如硬件令牌、软件令牌、手机令牌、短信令牌等，且应用范围十分广泛——它可以广泛应用于银行、证券、网游、电子商务、电子政务、网络教育、企业信息化等领域，可以保护多种类型的应用系统，如主机、各种网络设备，以及各种使用计算机、手机、电话、数字电视等作为操作终端的应用系统。

（3）数字签名

数字签名（又称公钥数字签名）是附加在数据单元上的一些数据，或对数据单元所做的密码变换。这种数据或变换允许数据单元的接收者用以确认数据单元的来源和数据单元的完整性并保护数据，防止被人（例如接收者）伪造。它是对电子形式的消息进行签名的一种方法，一个签名消息能在一个通信网络中传输。一套数字签名通常定义两种互补的运算：一个用于签名；另一个用于验证。

# 第二节　大数据与自然语言处理

## 一、自然语言处理大数据基础资源

### （一）基础语料库

1.LDC中文树库

LDC中文树库（Chinese Tree Bank，CTB）是通过语言数据联盟（LDC）发布的中文句法树库。该树库收集的语料取材于新华社和香港新闻等媒体，第7版由2400个文本文件构成，含45 000个句子、110万个词、165万个汉字。文件由GBK和UTF-8两种编码格式存储。

2.BFS-CTC语料库

汉语句义结构标注语料库（Beijing Forest Studio-Chinese Tagged Corpus，BFS-CTC）是北京森林工作室建设的一个汉语句义结构标注语料库。

在标注内容方面，基于句义结构模型的定义标注了句义结构句型层、描述层、对象层和细节层中所包含的各个要素及其组合关系，包括句义类型、谓词及其时态、语义格类型等信息，并且提供了词法和短语结构句法信息，便于词法、句法、句义的对照分析研究。在语料库组织结构方面，该语料库包括四部分，即原始句子库、词法标注库、句法标注库和句义结构标注库，可根据研究的需要，在词法、句法、句义结构标注的基础上进行深加工，在核心标注库的基础上添加更多具有针对性的扩展标注库，利用句子的唯一ID号进行识别和使用。在语料来源和规模方面，原始数据全部来自新闻语料，经过人工收集、整理，合理覆盖了主谓句、非主谓句、把字句等六种主要句式类型，规模已达到50 000句。

3.命题库

命题库（PropBank）、名词化树库（NomBank）和语篇树库（Penn Discourse Tree Bank，PDTB）均为宾夕法尼亚树库（Penn Tree Bank）的扩展。

命题库起初是在宾夕法尼亚英语树库（Penn English Treebank）的基础上增加语义信息后构建的"命题库"。其基本观点认为：树库仅提供句子的句法结构信息，对于计算机理解人类语言是不够的。因此，PropBank的目标是对原树库中的句法节点标注上特定的论元标记（Argument Label），使其保持语义角色的相似性。

4.布拉格依存树库

布拉格依存树库（Prague Dependency Treebank，PDT）是由捷克布拉格查尔斯大学（Charles University in Prague）数学物理学院与应用语言学研究所（Institute of Formal and APPlied Linguistics，Faculty of Mathematics and Physics）组织开发的语料库，目前已经建成以下三个语料库：捷克语依存树库、捷克语-英语依存树库和阿拉伯语依存树库。

布拉格依存树库包含以下三个层次：

（1）形态层（Morphological Layer）。PDT的最低层，包含全部的形态信息标注。

（2）分析层（Analytic Layer）。PDT的中间层，主要是依存关系中的表层句法信息标注，层次概念上接近Penn Treebank中的句法标注。

（3）深层语法层（Tectogrammatical Layer）。PDT的最高层，表达句子的深层语法结构。深层语法树结构（Tectogrammatical Tree Structure，TGTS）只包含那些句子中对应有实际含义的词（实意词）（Autosemantic Word），满足投射性条件（Condition of Projectivity），即没有交叉边，每个节点被指定一个算符，如ACTOR、PATIENT、ORIGIN等。

## （二）语言知识库

语言知识库在自然处理和语言学研究中具有重要的用途，无论是词汇知识库、句法规则库，还是语法信息库、语义概念库等各类语言知识资源，都是自然语言处理系统赖以建立的重要基础，甚至是不可或缺的基础。长期以来，国内外众多自然语言处理专家和语言学家为建立语言知识库付出了巨大心血，取得了一批优秀成果。

### 1.WordNet

WordNet是一个按语义关系网络组织的巨大词库，并以多种词汇关系和语义关系来表示词汇知识的组织方式。词形式（Word Form）和词义（Word Meaning）是WordNet源文件中可见的两个基本构件，词形式以规范的词形表示，词义以同义词集合（Synset）表示。词汇关系是两个词形式之间的关系，而语义关系是两个词义之间的关系。

WordNet将名词、动词、形容词、副词都组织到同义词集合（Synset）中，并且进一步根据句法类和其他组织原则分配到不同的源文件中。副词保存在一个文件中，名词和动词根据语义类组织到不同的文件中。形容词分为两个文件（descriptive形容词和relational形容词）。

### 2.FrameNet

FrameNet是在框架语义学（Frame Semantics）基础上建立的一项新兴的在线知识库。该框架网络词典不仅提供了单词的释义、标注例句及多种索引方式，而且说明了词目词的句法特征，给出了词目词的配价结构。

在FrameNet中，词根据不同义项被切分为词汇单元（Lexical Unit，LU）。理论上，一个多义词的每个词义属于不同的语义框架；框架是组织词汇语义知识的基本手段。具有相同语义的词汇单元被分配在同一框架中，词汇单元的词义是通过其所属框架来描述的；语义框架类似于剧本的概念结构，由若干框架元素组成，用于描述一个特定的情形类型（Type of Situation）、对象（Object）、事件（Event）和事件参与者（Participants）及其道具（Props）。

FrameNet的开发在词典学、自然语言处理及语义研究等方面都有实用意义。

### 3.EDR电子词典

EDR电子词典（EDR Electronic Dictionary）有五类词典，包括单语词典（Word Dictionary）、日英双语词典（Bilingual Dictionary）、概念词典（Concept Dictionary）、日语和英语同现词典（Co-occurrence Dictionary）和技术术语词典（Technical Terminology Dictionary），另外还包括EDR语料库（EDR Corpus）。

### 4.知网

知网（HowNet）由机器翻译专家董振东和董强组织创建，是一个以汉语和英语的词语所代表的概念为描述对象，以揭示概念与概念之间以及概念所具有的属性之间的关系为基本内容的常识知识库。

知网作为一个知识系统，着力反映的是概念的共性和个性，通过对各种概念关系的标注，将这种知识网络系统教给计算机，从而实现知识的可计算性。

在知网中，义原作为一个很重要的概念，是最基本的、不易于再分割其意义的最小单位。知网建设方法的一个重要特点是采用自下而上的归纳方法，通过对全部的基本义原进行观察分析并形成义原的标注集，再用更多的概念对标注集进行考核，据此建立完善的标注集。

知网是一个具有丰富内容和严密逻辑的语言知识系统，可以广泛地应用于词汇语义相似性计算、词汇语义消歧、名词实体识别和文本分类等许多方面。

### 5.北京大学综合型语言知识库

北京大学综合型语言知识库（The Comprehensive Language Knowledge Base，CLKB）由北京大学计算语言学研究所（ICL/PKU）俞士汶教授领导建立，涵盖了词、词组、句子、篇章各单位和词法、句法、语义各层面，从汉语向多语言辐射，从通用领域深入专业领域。

CLKB是目前国际上规模最大且获得广泛认可的汉语语言知识资源，主要包括现代汉语语法信息词典、汉语短语结构规则库、现代汉语多级加工语料库、多语言概念词典、平行语料库、多领域语库。其中，现代汉语语法信息词典是一部面向语言信息处理的大型电子词典，收录8万个汉语词语，在依据语法功能（优势）分布完成的词语分类的基础上，又按类描述每个词语的详细语法属性。

## （三）知识图谱

知识图谱（Knowledge Graph）又称为科学知识图谱，是一种拥有极强的表达能力和建模灵活性的语义网络，可以对现实世界中的实体、概念、属性以及它们之间的关系进行建模。另外，知识图谱是一种数据建模的"协议"，是衍生技术的数据交换标准，其相关技术涵盖知识抽取、知识集成、知识管理和知识应用等各个环节。

### 1.DBpedia

DBpedia支持三种通用的关联数据获取方式，可以通过Pubby关联数据界面、关联数据浏览器和各种爬虫来获取，同时支持SPARQL服务和RDF文件下载，并提供了丰富的用户界面和功能来促进DBpedia数据的多样化使用。

### 2.Freebase

Freebase是同DBpedia十分相似的项目，它们都是从Wikipedia抽取结构化数据并发布RDF。但Freebase是完全结构化的数据库，且数据来源不局限于Wikipedia，它还另外导入了数量众多的专业数据集，并提供先进的数据查询和录入机制，相比DBpedia数据更全面，功能更为强大。Freebase数据的导入和使用都须遵守Creative Commons Attribution License。

Freebase的主要数据来源包括维基百科Wikipedia、世界名人数据库NNDB、开放音乐数据库MusicBrainz，以及社区用户的贡献等。另外，还有个人用户通过页面逐条手工编辑来增加数据。

### 3.YAGO

YAGO是由德国马普研究所研制的链接数据库，针对当时的应用仅使用单一源背景知识的情况，建立了一个高质量、高覆盖的多源背景知识的知识库。由专家构建的WordNet拥有极高的准确率的本体知识，但知识覆盖度仅限于一些常见的概念或实体；相比之下，维基百科蕴含丰富的实体知识，但其提供的概念的层次结构、标签结构并不精确，直接用于本体构建并不适合。YAGO主要集成了来自Wikipedia、WordNet和GeoNames的数据，将WordNet的词汇定义与Wikipedia的分类体系进行了融合集成，使得YAGO具有更加丰富的实体分类体系。YAGO还考虑了时间和空间知识，为很多知识条目增加了时间和空间维度的属性描述。

### 4.Knowledge Vault

基于机器学习，Knowledge Vault不仅能够从多个来源（文本、表格数据、页面结构与人工标注）中提取数据，而且可以根据所有可用数据推断出事实及关系。由于网络中包含大量的错误数据，因此框架依赖现有的知识库（如Freebase）。

5.搜狗知立方

搜狗知立方是搜狗公司为了让用户获取信息更加简单而发布的全新的知识库搜索引擎，是国内搜索引擎行业中首家知识库搜索产品。

知立方主要通过将海量的互联网碎片信息整合，对搜索结果进行重新优化计算，把最核心的信息展现给用户。与传统的"关键词搜索"不同，知立方不是单纯地抓取网页数据，而是引入"语义理解"技术，试图理解用户的搜索意图，然后将搜索结果准确地传递给用户。

知立方能够智能分析用户的查询意图，基于推理与计算能力，直接给出用户想要的答案；通过对全网页面的分析和挖掘，保证了知识库数据的准确性；另外，能够给出完整的知识体系，使得用户更加全方位地了解知识点。

## 二、自然语言处理大数据分析技术

大数据时代改变了基于数理统计的传统数据科学，促进了数据分析方法的创新，从机器学习和多层神经网络演化而来的深度学习是当前大数据处理与分析的研究前沿。

### （一）实体关系抽取

1.任务定义

实体关系抽取作为信息抽取领域的重要研究课题，其主要目的是抽取句子中实体对之间的语义关系，即在实体识别的基础上确定无结构文本中实体对之间的关系类别，并形成三元组，即<实体1，关系，实体2>。例如给定句子："清华大学坐落于北京近邻"以及实体"清华大学"与"北京"，模型可以通过语义得到"位于"的关系，并最终抽取出三元组<清华大学，位于，北京>。

2.方法概述

实体关系抽取任务根据使用方法的不同，可以分为基于远程监督的关系抽取方法以及实体与关系的联合抽取方法等。

（1）基于远程监督的关系抽取方法

在基于有监督的实体关系抽取方法中，训练一个模型需要大量有标记的训练数据，然而标记训练数据是一项非常费时费力的工作。

远程监督方法假设如果在知识库中两个实体之间存在一种关系，那么所有包含这两个实体的句子都使用这种关系表达。远程监督的方法虽然从一定程度上减少了模型对人工标注数据的依赖，但该方法会在数据集中引入大量的噪声样本。比如（微软，创办者，比尔·盖茨）是知识库中的一种关系三元组。

大部分的研究都在多示例学习（Multi Instance Learning，MIL）框架下处理远程监督方法带来的噪声样本的问题。多示例学习方法可以被描述为：假设训练数据集中的每个数据是一个包（Bag），每个包都是一个示例（Instance）的集合，每个包都有一个训练标记，而包中的示例是没有标记的；如果包中至少存在一个正标记的示例，则包被赋予正标记；而对于一个有负标记的包，其中所有的示例均为负标记。

（2）实体与关系的联合抽取方法

传统的实体关系抽取方法是一种流水线（Pipelined）的方法。该方法首先进行命名实体识别，其次对识别出来的实体进行两两组合，再次进行关系分类，最后把存在实体关系的三元组作为输出。但是该方法存在以下三个问题：①错误传播，实体识别模块的错误会影响到关系分类的性能；②忽视了两个子任务之间存在的联系；③产生了冗余信息。由于对识别出来的实体进行两两配对，然后再进行关系分类，那些没有关系的实体对会带来多余信息，提高错误率。

3.基于端到端的实体关系联合抽取方法

传统的方法是将实体关系抽取看成两个子任务（实体抽取及实体关系抽取）组成的流水线（Pipeline）任务。实体抽取其实就是命名实体识别（Named Entity Recognition），实体关系抽取主要是关系分类。实体识别是比较传统的任务，比较多的方法是LSTM-RNN，最先进的方法是在双向LSTM-RNN的基础上加一层CRF层，可以同时做词性标注（Part-of-Speech Tagging，POS Tagging）和命名实体识别（NER）。传统的关系分类方法主要是基于特征/核（Feature/Kernel）的方法。另外，还有一些基于神经网络模型的方法被提出，包括以下内容：①基于嵌入方法；②基于CNN的方法；③基于RNN的方法。但是，基于RNN的方法没有同时考虑单词序列和依存树信息。

总体上来说，该模型主要包括以下三个类型的表示层：第一类是嵌入层，用于表示词、词性标注、依存类型和实体；第二类是序列层，用于表示词序列，这一层是一个双向LSTM-RNN；第三类是依存层，在依存树上表示两个目标词（实体）之间的关系。

实体识别层本质上是一个序列标注任务，文中实体的标记（Tag）采用BILOU（Begin、Inside、Last、Outside和Unit）编码模式，每个标记表示实体的类型和一个词在实体中的位置。实体识别通过隐藏层和Softmax输出层实现。在解码过程中，会利用一个已经预测词的标签去预测下一个词的标签。解码层的输入是序列层的输出和上一个标签的嵌入向量结果的连接。

依存层用于描述依存树中一对目标词之间的关系，这一层主要关注这对目标词在依存树上的最短路径。该方法采用了双向树结构的LSTM-RNN来抓住目标词对周围的依存结构，信息可以从根节点传到叶节点，也可从叶节点传到根节点。

关系分类层如下：①对于两个带有L或U标签（BILOU模式）的词，可以构建一个候选的关系；②NN为每一个候选关系预测一个关系标签，并带有方向（除了负关系，Negative Relation）。

## （二）命名实体识别

### 1.任务定义

实体概念在文本中的引用（Entity Mention，或称"指称项"）有以下三种形式：命名性指称、名词性指称和代词性指称。

在MUC-6中首次使用了命名实体（Named Entity）这一术语，由于当时关注的焦点是信息抽取（Information Extraction）问题，即从报章等非结构化文本中抽取关于公司活动和国防相关活动的结构化信息，而人名、地名、组织机构名、时间和数字表达（包括时间、日期、货币量和百分数等）是结构化信息的关键内容。因此，MUC-6组织的一项评测任务就是从文本中识别这些实体指称及其类别，即命名实体识别和分类（Named Entity Recognition and Classification，NERC）任务。确定地讲，就是识别这些实体指称的边界和类别。

### 2.方法概述

实际上，最早从事命名实体识别研究工作的是Lisa F. Rau。其开展了从文本中识别和抽取公司名称的研究，后来又开展了一些关于专有名词识别的相关研究，但都没有引起太多的关注。MUC-6首次组织的命名实体识别和分类评测任务以及后来出现的一系列评测工作，都极大地推动了这一技术的快速发展。除了MUC会议以外，其他相关的评测会议还有CoNLL（Conference on Computational Natural Language Learning）、ACE和IEERE（Information Extraction Entity Recognition Evaluation）等。

在MUC-6组织NERC任务之前，主要关注的是人名、地名和组织机构名这三类专有名词的识别。自MUC-6起，地名被进一步细化为城市、州和国家。后来也有人将人名进一步细分为政治家、艺人等小类。

在CoNLL组织的评测任务中扩大了专有名词的范围，包含了产品名的识别。在其他一些研究工作中也曾涉及电影名、书名、项目名、研究领域名称、电子邮件地址和电话号码等。尤其值得关注的是，很多学者对生物信息学领域的专用名词（如蛋白质、DNA、RNA等）及其关系识别做了大量研究工作。甚至在有些研究中并不限定"实体"的类型，而是将其看作开放域的NERC，把"命名实体"的类别按层次化结构划分，试图涵盖在报章中出现较高频率的名字和严格的指称词，类别总数达到约200种。本部分主要关注人名、地名和组织机构名这三类专有名词的识别方法。

3.基于深度神经网络的序列标记方法

通常来说，命名实体识别任务需要从给定的非结构化文本中确定命名实体的边界和类别。根据语种，非结构化文本等价于字（针对中文、日文等）或单词（针对英文、德文等）序列。针对命名实体识别研究，通常赋予语料中每一个字或单词一个对应的标签，此时命名实体识别任务成为指定标签类别的序列标记任务。

基于深度神经网络的序列标记方法成为主流研究方向。与传统机器学习方法相似，基于深度神经网络的序列标记方法利用深度神经网络实现了自动特征提取和选择过程，然后将特征向量输入分类器，确定最终的类别（标签）。传统机器学习方法需要研究人员针对数据执行特征工程，但此过程需要花费大量的人力和时间；深度神经网络的出现解决了这一难题。然而，目前的深度神经网络可解释性较差，人类难以从参数中获得启发性的知识。

## （三）情感分类

### 1.任务定义

情感分类是指根据文本所表达的含义和情感信息将文本划分成褒扬或贬义的两种或几种类型，是对文本作者倾向性和观点、态度的划分，是对带有情感色彩的主观性文本进行分析、处理、归纳和推理的过程，有时也称倾向性分析或意见挖掘。

情感分类是人们的观点、情绪、评估对诸如产品、服务、组织等实体的态度。该领域的快速起步和发展得益于网络上的社交媒体，例如产品评论、论坛讨论和微博、微信的快速发展，这是人类历史上第一次有如此巨大数字量的形式记录。

该项技术拥有广泛的用途，公司可以利用该技术了解用户对产品的评价，政府部门可以通过分析网民对某一事件、政策法规或社会现象的评论，实时了解网民的态度。因此，情感分类已经成为支撑舆情分析的基本技术。

2.方法概述

文本情感分类的研究涉及很多个领域，例如NLP、数据挖掘、机器学习、统计分析和概率论等，集合了很多方面的研究课题。文本情感分析按文本的粒度一般可分为以下三种：词语级、句子级、篇章级。根据文本是否包含情感分为主观性文本和客观性文本，相关的研究主要是主观性文本的情感正负倾向判断。由于电子商务、网络社交平台的广泛使用，大量的互联网用户在网络上分享他们的评论和意见，产生大量的网络文本数据，为学者研究互联网用户对产品、服务的态度提供了丰富的数据，也为卖家获取用户的消费反馈意见提供了重要的资源。近几年，文本情感分类在学术界和实业界得到了广泛的关注，取得了较好的研究成果。

3.基于深度神经网络的情感分类方法

循环神经网络（Recurrent Neural Networor，RNN），顾名思义是具有循环结构的神经网络。RNN的链式结构使其能够很好地解决序列的标注问题。但是由于梯度爆炸和梯度消失等问题经常存在于RNN的训练中，RNN很难保持较长时间的记忆。

长短期记忆（Long Short-Term Memory，LSTM）网络是由RNN扩展而来，设计的初衷就是解决RNN长期依赖的问题。LSTM也是一种特殊的循环神经网络，因此也具有链状结构。但是相比循环神经网络的重复模块有着不同的结构，它有四层神经网络层，各个网络层之间以特殊的方式相互作用，并非单个简单的神经网络层。同时，LSTM具有三个门限，分别是输入门、遗忘门和输出门，通过这三个门限来保护和控制单元状态。

### （四）文本摘要

#### 1.任务定义

文本摘要的目的是通过对原文本进行压缩、提炼，为用户提供简明扼要的文字描述。根据处理的文档数量，文本摘要可以分为只针对单篇文档的单文档文本摘要和针对文档集的多文档文本摘要。根据是否提供上下文环境，文本摘要可以分为与主题或查询相关的文本摘要及普通文本摘要。根据摘要的不同应用场景，文本摘要可以分为传记摘要、观点摘要、学术文献综述生成等，这些摘要通常是为了满足特定的应用需求。

大数据时代，文本摘要的主要任务已从面向新闻文档的传统文档摘要转变为面向互联网异质文本的互联网文本摘要，主要研究对象为新闻、社交媒体、学术文献等。其具有规模巨大、类型多样、时效性强、多语言性、观点性等特点，因此，面向文本大数据的新型摘要技术又包括增量式摘要、针对特定类型文本摘要、更新式摘要、跨语言式摘要、观点摘要、比较式摘要等。

#### 2.方法概述

文本摘要所采用的方法从实现上考虑可以分为抽取式摘要（Extractive Summarization）和生成式摘要（Abstractive Summarization）。抽取式方法相对比较简单，通常利用不同方法对文档结构单元（句子、段落等）进行评价，对每个结构单元赋予一定权重，然后选择最重要的结构单元组成摘要；而生成式方法通常需要利用自然语言理解技术对文本进行语法、语义分析，对信息进行融合，利用自然语言生成技术生成新的摘要句子。

#### 3.基于端到端的生成式摘要方法

抽取式摘要相对较为成熟，这种方法通常是利用排序算法对处理后的文章语句进行排序。不过抽取式摘要在语义理解方面考虑较少，无法建立文本段落中完整的语义信息。相较而言，生成式技术需要让模型理解文章语义后总结出摘要，更类似于人类的做法。但这种技术需要使用机器，长期以来并不成熟。近年来，研究者发现利用端到端模型可以更好地完成生成式摘要这项具有挑战性的任务。

### （五）机器翻译

#### 1.任务定义

机器翻译（Machine Translation，MT）就是用计算机来实现不同语言之间的翻译。被翻译的语言通常称为源语言（Source Language），翻译成的结果语言称为目标语言（Target Language）。机器翻译就是实现从源语言到目标语言转换的过程。

2.方法概述

机器翻译研究如何利用计算机实现自然语言之间的自动转换，是人工智能和自然语言处理领域的重要研究方向之一。机器翻译作为突破不同国家和民族之间信息传递所面临的"语言屏障"问题的关键技术，对于促进民族团结、加强文化交流和推动对外贸易具有重要意义。

随着互联网的兴起，特别是近年来大数据和云计算的蓬勃发展，经验主义方法开始成为机器翻译的主流。经验主义方法主张以数据而不是以人为中心，通过数学模型描述自然语言的转换过程，在大规模多语言文本数据上自动训练数学模型。这一类方法的代表是统计机器翻译，其基本思想是通过隐结构（词语对齐、短语切分、短语调序、同步文法等）描述翻译过程，利用特征刻画翻译规律，并通过特征的局部性，采用动态规划算法，在指数级的搜索空间中实现多项式时间复杂度的高效翻译。统计机器翻译仍面临翻译性能严重依赖隐结构与特征设计，局部特征难以捕获全局依赖关系，以及对数线性模型难以处理翻译过程中的线性不可分现象等难题。

3.基于深度神经网络的机器翻译方法

神经网络机器翻译（Neural Machine Translation，NMT）是一种机器翻译方法。相比于传统的统计机器翻译（SMT），NMT能够训练从一个序列映射到另一个序列的神经网络，输出的可以是一个变长的序列，这在翻译、对话和文字概括方面能够获得非常好的表现。NMT大部分以encoder-decoder结构为基础结构，encoder把源语言序列进行编码，并提取源语言中的信息，通过decoder再把这种信息转换到另一种语言即目标语言中来，从而完成对语言的翻译。

序列对序列的学习，顾名思义，假设有一个中文句子"我也爱你"和一个对应英文句子"I love you too"，那么序列的输入就是"我也爱你"，而序列的输出就是"I love you too"，从而对这个序列对进行训练。对于深度学习而言，如果要学习一个序列，一个主要的困难就是这个序列的长度是变化的，而深度学习的输入和输出的维度一般是固定的，不过，有了RNN结构，这个问题就可以解决了。一般在应用的时候，encoder和decoder使用的是LSTM或GRU结构。

## （六）自动问答

### 1.任务定义

自动问答（Question Answering，QA）是指利用计算机自动回答用户所提出的问题，以满足用户知识需求的任务。不同于现有搜索引擎，问答系统是信息服务的一种高级形式，系统返回用户的不再是基于关键词匹配排序的文档列表，而是精准的自然语言答案。近年来，随着人工智能的飞速发展，自动问答已经成为备受关注且发展前景广阔的研究方向。

自动问答系统在回答用户问题时，需要正确理解用户所提的自然语言问题，抽取其中的关键语义信息，然后在已有语料库、知识库或问答库中通过检索、匹配、推理的手段获取答案并返回给用户。上述过程涉及词法分析、句法分析、语义分析、信息检索、逻辑推理、知识工程、语言生成等多项关键技术。传统自动问答多集中在限定领域，针对限定类型的问题进行回答。随着互联网和大数据的飞速发展，现有研究趋向于开放域、面向开放类型问题的自动问答。

### 2.方法概述

自动问答的研究历史可以溯源到人工智能的原点。文章开篇提出通过让机器参与一个模仿游戏（Imitation Game）来验证"机器"能否"思考"，进而提出了经典的图灵测试（Turing Test），用以检验机器是否具备智能。同样，在自然语言处理研究领域，问答系统被认为是验证机器是否具备自然语言理解能力的四个任务之一（其他三个是机器翻译、复述和文本摘要）。

自动问答研究既有利于推动人工智能相关学科的发展，也具有非常重要的学术意义。

根据目标数据源的不同，已有的自动问答技术大致可以分为以下三类：检索式问答、社区问答、知识库问答。

尽管很多语义解析方法在限定领域内能达到很好的效果，但在这些工作中，很多重要组成部分（比如CCG中的词汇表和规则集）都是人工编写的。运用上述方法时，当面对大规模知识库时会遇到困难，如词汇表问题（在面对一个陌生的知识库时，不可能事先或者用人工方法得到这个词汇表）。目前已有许多工作试图解决上述问题，如利用数据回标方法扩展CCG中的词典，挖掘事实库和知识库在实例级上的对应关系，确定词汇语义形式。

基于深度学习的问答系统试图通过高质量的问题-答案语料建立联合学习模型，同时学习语料库、知识库和问句的语义表示，以及它们相互之间的语义映射关系，试图通过向量间的数值运算对于复杂的问答过程进行建模。这类方法的优势在于把传统的问句语义解析、文本检索、答案抽取与生成的复杂步骤转变为一个可学习的过程，虽然取得了一定的效果，但是也存在很多问题。如：①资源问题。深度学习的方法依赖大量的训练语料，而目前获取高质量的问题-答案对仍是瓶颈。②已有的基于深度学习的问答方法多是针对简单问题（例如单关系问题）设计的，对于复杂问题的回答能力尚且不足。如何利用深度学习的方法解决复杂问题值得继续关注。

3.基于记忆网络的自动问答方法

记忆网络常被应用于问答系统任务，长期记忆模块扮演着知识库的角色，记忆网络的输出是文本回复。

记忆网络这种结构具有很强大的扩展性，它的每个模块都有很多改进空间，是一种很适合进行知识库问答（KB-QA）的深度学习框架，使用更加复杂的记忆网络是未来深度学习解决KB-QA的一个很有前景的途径。记忆网络的框架也给了我们以下很多的提升空间：引入更多的技巧，使用更合理的模型作为记忆网络的组件，在记忆选择中引入推理机制、注意力机制和遗忘机制，将多源的知识库存入记忆，等等。

总之，自动问答是人工智能技术的有效评价手段。整体上，自动问答技术的发展趋势是从限定领域向开放领域、从单轮问答向多轮对话、从单个数据源向多个数据源、从浅层语义分析向深度逻辑推理不断推进。我们有理由相信，随着自然语言处理、深度学习、知识工程和知识推理等相关技术的飞速发展，自动问答在未来有可能得到相当程度的突破。

# 第三章　大数据背景下数据挖掘

## 第一节　数据挖掘理论基础

### 一、数据挖掘概述

大数据对于数据挖掘，既是挑战更是机遇。退去了发展初期的浮躁与喧哗，数据挖掘在理论方法与软件工具上都有了长足的进步，并在诸多领域积累了成熟的应用案例，取得了扎实的应用成果。人们曾经将数据挖掘形象地比喻为从数据"矿石"中开采知识"黄金"的过程，如今面对数据的"矿山"，数据挖掘充分汲取机器学习、统计学、分布式和云计算等技术养分，在方法研究、算法效率、软件工具集成环境和创新应用等方面不断开拓，正将昔日的数据"矿锤"升级为现代化的数据"挖掘机"，成为大数据时代最有效的数据分析利器。所以，数据挖掘具有多学科综合性、方法性与工具性的特征。对此，初学者应具有较强的数据操作能力和学习领会能力，能够举一反三，触类旁通，边学边做，边做边学。

数据挖掘的发展过程是一个兼容并蓄的成长过程。一般来说，数据挖掘经历了两个主要发展阶段：从初期局限于数据库中的知识发现，发展到中期内涵不断丰富完善以及多学科的融合发展，乃至发展成为大数据时代的关键分析技术，数据挖掘已经取得了实质性的跨越。

研究者对数据挖掘的理解已达成如下共识：

首先，数据挖掘是一个利用各种方法，从海量的有噪声的各类数据中，提取潜在的、可理解的、有价值的信息的过程。这里，信息可进一步划分为以下两大类：一类是用于数据预测的信息；另一类是用于揭示数据内在结构的信息。

其次，数据挖掘是一项涉及多任务、多学科的庞大的系统工程，涉及数据源的建立和管理、从数据源提取数据、数据预处理、数据可视化、建立模型和评价以及应用模型评估等诸多环节。

针对复杂问题且涉及海量数据的数据挖掘任务，往往是一项大规模的系统工程。为更加规范地开展数据挖掘工作，NCR、SPSS和Daimler-Benz三家公司联合制定了跨行业数据挖掘标准CRISP-DM，SAS公司也发布了相关数据挖掘标准SEMMA。这些标准希望对数据挖掘过程中各处理步骤的目标、内容、方法、以及应注意的问题等提出可操作性的建议，从而帮助学习者从方法论的高度深入理解并掌握数据挖掘的一般规律。

进一步地，数据挖掘的诸多环节本质上可归纳为两个具有内在联系的阶段——数据的存储管理阶段和数据的分析建模阶段，涉及计算机科学和统计学等众多交叉学科领域。

数据挖掘的对象是大数据系统。大数据往往来自不同的采集渠道以及不同的数据源，数据量庞大且杂乱有噪声。如何高效合理地存储数据，如何有效地保障数据的一致性等，在数据挖掘中尤为重要，也始终是数据挖掘的难点，涉及计算机学科中的数据库和数据仓库计算、分布式计算、并行处理等多个研究领域。大数据的存储管理有两个层面：一个是基础设施层面，包括对存储设备、操作系统、数据库、数据仓库、分布式计算等方面的整体评估，需求的客观理解，系统架构、技术和产品的选择，以及稳定、高效的数据基础设施体系的建立等一系列问题；另一个是数据管理工具层面，包括数据的抽取检索、集成清洗，以及其他预处理的软件、技术和管理等诸多方面的工作。数据的存储管理是数据分析的基础和保障，也在某种程度上为采用怎样的数据分析方法提供依据。

数据挖掘中的数据预处理、数据可视化、建立和评价模型等环节，其核心目标是发现数据中隐藏的规律性。这是统计学和从属计算机科学的机器学习，以及具有跨学科（统计和计算机）特点的可视化研究的主要任务。事实上，从统计学视角看数据挖掘会发现，数据挖掘与统计学有着高度一致的目标——数据分析。正因如此，数据挖掘对统计学而言似乎并不陌生。然而，目标尽管一致但学界仍提出数据挖掘概念的重要原因是：数据分析对象是大数据。大数据特征决定了数据处理需要多学科的共同参与，数据分析需要一种集中体现多学科方法和算法优势的理论和工具，这就是数据挖掘。

## 二、数据挖掘基本特征

数据挖掘是一个从大数据中挖掘出有价值信息的过程。数据挖掘结果具有不同的呈现方式，这些是数据挖掘结果外在的特征，而对于其内在内容，数据挖掘结果（有用信息）还具有以下三个重要特征：潜在性、可理解性和有价值性。

### （一）潜在性

发现大量数据中隐含的变量相关性、数据内在结构特征等，是数据挖掘的重要任务，也是数据挖掘的核心成果。研究变量相关性及数据内在结构特征是统计学的强项，其传统分析思路是：基于对研究问题的充分理解，依据经验或历史数据，首先预设数据中存在某种相关性假定，其次验证这种假定是否显著存在于当前数据中。这是一种典型的验证式分析思路。然而，大数据分析中的数据量庞大，变量个数多且类型复杂，以传统方式预设假定将非常困难，甚至不可能。所以数据挖掘通常会倾向采用一种归纳式的分析思路，即不事先对数据中是否存在某种关系做任何假定，而是通过"机械式"的反复搜索和优化计算，归纳出所有存在于数据中的规律。

这样的分析思路有优势也存在问题。优势在于它既可能找到隐藏于数据中的人们事先知道的规律，也可能发现那些人们事先未知的规律。存在的问题是由此得到的分析结果，一方面可能是类似传说中"尿布和啤酒"的典型案例；另一方面也可能是令人无法理解和没有价值的事物。

### （二）可理解性

数据挖掘结果的可理解性是指分析结论具有符合研究问题的可解释性。例如在消费者行为偏好的数据挖掘中，若分析结果是一段时间内顾客的消费金额与其身高有密切关系，那么这样的结论就不具有可解释性。事实上，数据挖掘揭示出的不可理解的相关性，一部分可能是一种虚假相关；另一部分可能是因其他相关因素传递而导致的表象。

### （三）有价值性

数据挖掘结果是否有价值，体现在是否对决策有意义。对决策没有指导意义的结果是没有价值的。例如在居民健康管理的数据挖掘中，若分析结论是90%的居民每日就餐次数是3次，且三餐的平均就餐时间是早上7点、中午12点、晚上7点。那么这种分析结论的价值很低，因为它是个常识。

谁是导致数据挖掘结果有可能无法理解和没有价值的"元凶"？答案是：海量大数据。事实上，发现海量大数据中隐藏的可理解的、有价值的信息，难度要远高于小数据集，会出现分析小数据集时不曾出现的诸多新问题。其中的一个主要问题就是，"机械式的挖掘"给出的"信息"很可能只是数据的某种"表象"而非"本质"。用统计术语讲就是，很可能并不是数据真实分布或关系的反映，而仅是海量数据自身的某种无意义的随机性的代表。

为此，人们试图借助统计学对"表象"和"本质"加以区分。作为数据挖掘成员的一分子，统计学无论是在区分信息的系统性本质上还是随机性的表象上都发挥出了自己的作用。其通常的做法是：以分析数据是随机样本为前提，采用统计推断式的假设检验。统计推断以随机样本为研究对象，通过找到样本的某些特征并计算这些特征将以多大的概率出现在总体中，进而判断它们是否具有统计上的显著性，即这些特征是系统性的还是样本的随机性所致。事实上，数据挖掘发展初期也确实采纳了这种方式，所以某些数据挖掘方法貌似其统计方法也很正常。但问题在于随着大数据的出现以及数据挖掘应用的不断拓展，这样的思路出现了如下主要问题：

第一，大数据的海量特性极大限制了上述分析思路的可行性。

若认为数据挖掘的数据对象是个样本，那么这个样本通常是大样本。对以小规模数据集为研究对象发展起来的统计推断而言，小样本表现出的某些特征，如果确实是由随机性导致的，那么在统计推断过程中，会因样本量小、在总体中出现的概率很小而被正确地确认为随机性。这种分析思路在小数据集上是可行的，但在数据挖掘中的海量大样本集上就不再奏效。因为任何统计不显著的随机性都可能因样本量大而被倾向性地误断为显著，即误断为系统性的、有意义的，即使是"表象"也会被误判为"本质"。

第二，数据挖掘的研究对象往往是总体而非随机样本。

数据挖掘对象一般是现有数据集，它们通常就是人们关注的总体而不是样本。从这个角度来讲，统计推断不再必要。当然，数据挖掘并不否认统计推断的重要作用。若将现有数据放到一个更大的时空中，那么目前数据这个总体也可以视为更大时空中的一个样本。但问题是能否确保样本是个随机样本，否则统计推断还会因丧失原本的理论基础而不再适用。

另外，有些数据挖掘应用问题只能基于总体而不能基于样本来研究。例如在信用卡欺诈甄别研究中，若确实存在极少数的恶意透支行为，这些交易数据会因数量很小而不易或无法进入随机样本。若以样本为研究对象，样本中的欺诈特征会变得不再明显甚至消失，从而得到不存在欺诈行为的分析结论。

基于上述原因，数据挖掘不再以统计推断方式验证数据挖掘的结果是否有意义，而是采用一种"退而求其次"的做法，即强烈要求行业专家深度参与数据挖掘过程，并由行业专家负责判断数据挖掘结果的意义和价值。例如"所有前列腺癌患者都是男性"，"加油站的信用卡刷卡金额通常在个位为零上出现峰值"，这些结论是否可理解和有价值，完全由行业专家去评估。

# 第二节　数据挖掘中的模式甄别与网络分析

## 一、模式甄别方法及评价

模式，简言之，就是数据中的异常值。发现数据中的模式极为必要，且有众多应用场景，其中最常见的是欺诈侦测。例如依据海量历史数据，发现信用卡刷卡金额、手机通话量的非常规增加；诊断医疗保险欺诈和虚报瞒报行为（如商品销售额的非常规变化等）；等等。

模式（Pattern）是由分散于大数据集中的极少量的零星数据组成的数据集合。模式通常具有其他众多数据所没有的某种局部的、非随机的、非常规的特殊结构或相关性，很可能是某些重要因素所导致的必然结果。

模式甄别涉及以下两大主要方面：第一，甄别方法；第二，如何评价甄别效果。

### （一）模式甄别方法

对不同的模式甄别问题应采用不同的甄别方法。模式甄别涉及以下两种情况：第一，甄别历史上尚未出现过的模式；第二，甄别历史上曾经出现过的模式。

1.甄别历史上尚未出现过的模式

例如在医疗保险的欺诈甄别问题中，尽管以往曾经出现过欺诈行为，但欺诈行为随时间推移有了新的"变种"，或者出现了某些新的未知的欺诈模式。这种情况下，一般无法依据以往的历史数据和欺诈规律特点对新模式进行侦测。

该类问题的模式，通常表现出严重偏离数据全体，与"正常"数据有明显的"不同"。其关键问题是以怎样的角度界定"不同"，即如何具体界定模式并依此甄别出模式。一般有如下常见角度：

（1）从概率角度界定模式

模式可以界定为统计学中的离群点，但本质上有别于离群点。尽管离群点与模式的数量都较少，且均表现出严重偏离数据全体的特征，但离群点通常由随机因素所致。模式则不然，它具有非随机性和潜在的形成机制。找到离群点的目的是剔除它们以消除对数据分析的影响，但模式本身就是人们关注的焦点，是不能剔除的。

尽管模式本质上有别于离群点，但从概率角度诊断模式仍是有意义的。只是数据挖掘并不强调概率本身。因为小概率既可能是模式的表现，也可能是随机性离群点的表现。所以究竟是否为"真正"的模式，还需要行业专家定夺判断。如果能够找到相应的常识、合理的行业逻辑或有说服力的解释，则可认定为模式。否则，可能是数据记录错误而导致的"虚假"模式或没有意义的随机性。

以概率角度界定模式需要已知或假定概率分布。当概率分布未知或无法做出假定时，就需要从其他角度分析。

（2）从特征空间的距离角度界定模式

模式严重偏离数据全体，与"正常"数据明显"不同"可表现为：属性特征空间中的"模式"观测点远离"正常"观测点。

（3）从特征空间的密度角度界定模式

模式严重偏离数据全体，与"正常"数据明显"不同"还可表现为：属性特征空间中，"模式"观测点所处区域的观测点密集程度，远远稀疏于"正常"观测点所处的区域。

2.甄别历史上曾经出现过的模式行为

例如在医疗保险的欺诈甄别问题中，以往曾经出现过的欺诈行为特征仍持续保持。比如就医情况数据中，某投保人的药品支出比例或诊疗费用，明显高于同类病人的平均值等。这往往是存在医疗保险欺诈可能性的重要表现。

该类问题数据的特点是：既有相关的属性特征变量，同时部分样本在是否为模式的标签变量上有明确的取值。例如医疗保险欺诈甄别问题中的数据，既已知全部投保人的自然属性、社会属性、投保情况及就医情况的属性特征，同时也知道部分投保人是否有欺诈行为。实际问题中，诸多因素导致只能知道少部分投保人是否有欺诈行为，大多数投保人的情况是无法确定的。

解决该类问题的思路有以下两种：

第一，尽管同时已知特征变量和模式标签变量取值，但无法确定特征变量和标签变量间的关系。此时，可忽略标签变量，依据前述方法进行模式甄别。

第二，对于同时已知特征变量和标签变量取值（仅取值为1和0）的样本，假定特征变量和标签变量间存在某种相关关系，且这种关系一直保持不变。模式甄别的核心就是找到特征变量与标签变量取值间的规律性，并利用这种规律，对数据集中标签变量取值为3的样本，预测它们是否为模式观测（标签变量最终确定为1或0）。

有很多解决该类模式甄别问题的方法。例如统计学中贝叶斯分类方法和Logisitc回归等，均将模式甄别纳入分类研究的范畴，从分类预测角度研究该类问题。

在该类问题的数据集中，模式观测的数量远远少于"正常"观测的数量，即模式标签取1的观测个数远远少于取0的。数据挖掘称这种一类观测数量远大于另一类观测数量的数据集为非平衡数据集。所以，模式甄别有别于一般分类问题的重要特征是：数据对象是非平衡数据集。

适用于平衡数据集的一般分类建模策略，应用于非平衡数据集时将不再具有理想的预测效果。原因如下：估计模型参数的一般策略是找到总的预测误差最小下的参数。非平衡数据集中因类样本数量很少，对总的预测误差的"贡献"必然远远低于0类。所以在上述原则下得到的模型，对0类的预测通常较为理想，而对1类的预测效果较差。但模式甄别要求分类模型应对1类有较高的预测精度。所以，如何在非平衡数据集上建立分类预测模型，是该类模式甄别问题的关键。通常的解决途径如下：首先通过抽样改变样本集中1类和0类的分布，消除非平衡性。其次采用一般分类建模策略建模。

### （二）模式甄别结果及评价

1.模式甄别结果是风险评分

模式甄别的实际问题中，无论哪种情况下进行的甄别，侦测模型给出的侦测结果都只能作为参考。

例如在医疗保险欺诈甄别问题中，无论对出现过还是未出现过的欺诈行为，侦测结果只能是存在保险欺诈行为的可能性或欺诈风险评分。究竟是否确为保险欺诈，还需要行业专家做最后裁定。

按欺诈可能性或欺诈风险评分从高到低的顺序，给出最可能出现欺诈行为的投保人列表，是极为必要的。原因在如下：实际问题中人工再甄别的成本通常较高。一方面，不可能对存在风险的所有投保人逐一进行人工再甄别；另一方面，若对风险评分不高的投保人做甄别，即使忽略人工甄别成本，也可能因质疑清白投保人给客户关系带来极大的负面影响，导致更大的企业损失。因此，核算人工甄别成本和欺诈成功甄别所能挽回的损失，就要找到"平衡点"，以便确定欺诈风评分的最低分数线。其中，仅对高于分数线的投保人做人工再甄别，是更为可行的现实做法。

于是，进一步的问题是：以怎样的标准确定"平衡点"或最低分数线？撇开现实的成本核算，其核心问题是如何评价模式甄别的效果。

2.模式甄别效果的评价

模式甄别的结果是一个风险评分，按风险评分的降序重新排序数据。在确定最低分数线的条件下，对高于最低分的前 k 个观测需要进行模式的人工再甄别。事实上，这意味着侦测模型将前 k 个观测的模式标签预测为 1；对低于最低分的其余 N-k 个观测（N 为样本量），因不进行人工甄别，事实上默认其模式标签的预测值为 0。也就是说，人工甄别只针对标签变量预测值等于 1 的观测进行。

在有标签变量的情况下，模式甄别效果评价须兼顾预测精度和回溯精度两方面。由于数据集中有部分样本的标签变量值为 3（未知，不确定），所以前 k 个观测很可能包含这些观测。为便于计算，这里规定其实际标签值等于 0。

（1）决策精度（Precision）

决策精度定义为 $d/(b+d)$，即正确甄别的比例。若比例很高，表明侦测模型的模式甄别准确度高，甄别效果理想；反之，模式甄别效果不理想。

仅计算前k个观测中正确甄别的比例，即$d/(b+d)=d/k$。$k=N$时为全体样本下的决策精度。应注意的问题是：强行将标签变量值等于3的观测归为0类后，因其中部分观测的标签变量实际值等于1，使d值低于实际d值，所以这里的决策精度是一个偏低的悲观估计。

（2）回溯（Recall）精度

回溯精度也称召回率或查全率，定义为$d/(c+d)$，即正确甄别的观测个数占实际模式个数的比例。若比例很高，表明侦测模型的模式甄别能力强，能覆盖较多的模式，甄别效果理想。反之，模式甄别效果不理想。

这里，仅对前k个观测计算正确甄别的观测占实际模式个数的比例。由于前k个观测均预测为模式，所以能够100%地覆盖前k个观测中的实际模式，即$d/(c+d)=d/d=1$。当对观测全体（样本量等于N）计算回溯精度时，因其余N-k个观测均预测为正常，但其中可能包含模式观测，所以回溯精度不能达到100%。在$k/N\to1$，即在更多的观测被预测为模式的过程中，回溯精度将不断提高。

可见，当将所有观测均预测为模式时，回溯精度等于100%。此时，尽管侦测模型的模式甄别能力强，但因决策精度很低，模型仍不适用。所以，决策精度和回溯精度不可能同时达到较高水平。在有限的人工甄别成本投入下，倾向追求较高的回溯精度，或者在确保一定的回溯精度下追求决策精度最大化。可依据这样的原则确定风险评分的最低分数线或k的取值。

## 二、网络子群构成特征研究

子群分析是网络分析的第二个层次。它将研究范围从单个节点拓展到某些覆盖多个节点的局部区域。这些局部区域中节点间的关系更为密切或更特殊，成为相对独立的小群体，也称子群。

子群分析的必要性源于社会学、人类学和心理学等领域的研究成果，即各种社会结构与组织中均存在多样性不断变化的小群体。一个组织的规模越大、越复杂，包含的小群体就越多，而且，小群体的关系特征可能越有差异。小群体不仅影响组织内部成员之间的关系，也影响组织的有效运行和发展。

子群是由网络中的一组具有连通性的多个节点所组成的节点集合，即连通性子网络。典型的子群类型有二元关系、三元关系、派系、A-核等。子群除了具有连通性特点之外，不同类型的子群还侧重体现不同的局部关系特点，体现不同的社会学可解释的关系意义。

子群分析的主要目标基于上述子群类型，找到网络中包含的各种子群和数量，并借助子群特点和所体现的局部关系，细致刻画网络的结构组成特征。以下将就这些方面进行讨论，并给出R的相关实现代码。

## （一）二元关系和三元关系及R实现

### 1.二元关系

二元关系（Dyad）通常针对有向网络而言，是有向网络中仅涉及两个节点的最小子群。网络中各种二元关系状态的数量称为二元关系普查量（Dyad Census）。

因二元关系的不同状态体现了两节点间的不同关系类型，所以计算一个特定网络中的二元关系普查量并与其他网络做对比，有助于量化不同网络的互惠或依存关系的强弱。

从网络分析的角度讲，计算网络二元关系普查量的出发点是：事前认为该网络可能存在互惠或依存关系，或者该网络具有比其他网络更强的互惠或依存关系。计算二元关系普查量的目的就是：验证互惠或依存关系是否真实存在于网络中，或者该网络是否确实具有更强的关系。社会交换理论、网络交换理论和资源依赖理论等研究表明，体现资源交换和资源依赖关系的网络，由于个体或组织间通过交换原材料或信息资源形成连接，所以具有更高互惠或依存关系的可能性较大。

### 2.三元关系

三元关系（Triad）是涉及三个节点的，比二元关系更高一层的关系。若用A、B、C表示三个节点，它们之间的三元关系有16种可能的状态。

三元关系体现了关系的传递性和循环性。第6种就是典型的关系传递性，在这种情况下，C有较高的概率指向A，也是研究三元关系的意义所在。认知平衡理论认为，关系的传递性常见于情绪网络或行政关系网络中。关系的循环性可利用一般交换理论来解释。

计算网络中各种三元关系的前提也是认为网络可能体现上述关系，并希望通过三元关系普查量来验证这种关系是否存在。

### 3.R函数和示例

计算二元关系普查量的R函数是dyad.census函数，基本书写格式为：

dyad.census（graph＝网络类对象名）

网络类对象应为有向网络。dyad.census的函数返回结果为一个列表,包括mut、asym和null三个成分,分别为互惠关系、单向依存不对称关系和无关系的数量。

计算二元关系普查量的R函数是triad.census函数,基本书写格式为:

triad.census(graph=网络类对象名)

triad.census的函数返回结果为一个数值向量。

### (二)派系和k-核及R实现

1.派系及R函数

若网络G中的一个组件G'是完备的,且不被其他的完备组件所包含,则称G'为网络G的一个派系(Clique)。派系是一个局部意义上的最大(Maximal)完备子网络,因所有节点两两直接连接而具有最强的凝聚性。所谓最强凝聚性子网通常指剔除子网中的某些节点后,并不能破坏剩余节点的完备性。

找到网络中各派系的R函数是maximal.cliques,基本书写格式为:

Maximal.cliques(graph=网络类对象名,min=$n_1$,max=$n_2$)

Maximal.cliques用于找到指定网络类对象中派系成员个数在$n_1$和$n_2$之间的所有派系,参数min和max可以略去,即找到所有派系。R的派系更强调完备性。

进一步,利用largest.cliques(graph=网络类对象名)函数,找到的所有派系中成员个数最多的派系,称为最大派系(Largest Cliques);clique.number(graph=网络类对象名)会给出最大派系包含的成员个数。

尽管派系中各节点两两直接相连,具有最强的凝聚性,但事实上,网络中的许多派系可能并没有特别重要的意义,有意义的派系只是少数。同时,也会出现派系成员重叠(overlay)的情况。

2.k-核及R函数

k-核(k-core)侧重以度定义子群,有着与派系类似的特点,若G'是网络G的一个最大连通性子图,且G'中的每个节点均至少与其他k个节点直接连接,即G'中每个节点的度均大于等于k,则称G'是网络G的一个k-核。可见,k-核至少包括k+1个节点。如果包含k+1个节点的k-核中,每个节点的度均等于k,则该k-核为一个派系。此时,派系是最严格意义的核的特例。相对于派系,虽然k-核不具有最高的凝聚性,但所有高凝聚性的子集均包含在k-核中。

两个直接连接的节点构成1-核，一个包含三个节点的具有连通性的网络，最大是2-核，也可能不存在2-核，仅是1-核。

节点的核（Coreness）等于m，如果它属于m-核但不属于（m＋1）-核。只要节点n不是"孤立"点，它至少是一个1-核成员，也可能属于更大的核。

计算网络节点核的R函数是graph.coreness函数，基本书写格式为：graph.coreness（graph＝网络类对象名，mode＝方向类型）

无向网络忽略参数mode；有向网络中参数mode的可取值有"all""out""in"，一般取"all"。

### （三）社区和组件及R实现

#### 1.社区及R函数

通常认为网络可能由多个社区组成。社区（Community），也称模块（Module），是一个子网络，特点是子网络内部各结点的连接相对紧密，子网络之间的连接相对稀疏。

网络社区结构的划分方法众多，主要有基于划分的方法、模块度方法、随机游走方法、密度子图方法等多类方法。每类方法又有众多具体策略不同的算法。

算法基于邻接矩阵等计算各个节点的相似度，并以相似度为基础进行分层聚类。最初将网络中的每个节点视为一个独立的社区，然后逐步合并相似度高的结点，直到所有节点合并为一个社区为止。

诸多社区结构划分算法都存在怎样的社区划分较为合理的问题。事实上，网络社区结构划分的合理性在于划分所得的各个社区，其内部是否确实有较强的凝聚性，为此可采用模块度进行测度。

#### 2.组件及R函数

正如前文讨论的，组件作为最大连通性子网络，其凝聚程度可能低于派系等，但因"对外"没有连接而具有强独立性。包含一个组件和包含多个组件的网络：一方面，子群构成特点不同；另一方面，集体行动理论和公共产品理论的研究表明，前者中的成员更可能获得集体产品。所以，发现网络中的组件也是子群分析的重要内容。

R中与组件有关的函数是clusters函数和decompose.graph函数。clusters函数用于计算网络中包含几个组件以及相关的组件信息；decompose.graph函数用于提取网络中的组件。

clusters 函数的基本书写格式为：

clusters（graph＝网络类对象名，mode＝组件类型）

其中，参数 mode 针对有向网络，可取"weak"或"strong"，表示是否忽略有向网络的方向性，寻找弱组件或强组件。clusters 函数的返回结果为包含 3 个成分的列表，成分名为 membership，csize，no，依次表示各组件的成员、组件大小和组件个数。

decompose.graph 函数的基本书写格式同 clusters 函数。

## 三、主要的网络类型特点

网络科学研究中，依据度分布等特性将众多网络划分成四种类型：规则网络、小世界网络、无标度网络和随机网络，网络类型的划分有助于研究者从规范化视角审视网络的特性。

网络由节点和连接组成。不同网络类型的主要差异在于：网络中任意两个节点 $n_1$ 和 $n_2$ 间的连接是确定性的、随机性的，还是确定性和随机性的不同程度的混合。规则网络和随机网络是确定性和随机性下的两种极端网络。小世界网络和无标度网络介于规则网络和随机网络中间。小世界网络具有大部分的确定性和少部分的随机性，而无标度网络具有大部分的随机性和少部分的确定性。

### （一）规则网络及特点

规则网络是指网络中任意两个节点 $n_1$ 和 $n_2$ 间的连接是确定性的，连接的规律性导致规则网络的拓扑结构往往具有特定的"形态"。

1.k- 规则网络

k- 规则网络（k-regularity Graph）是典型的规则网络。所谓 k- 规则网络是指网络中的每个节点均与 k（$k \leq N-1$，N 为节点个数）个节点存在直接连接的网络。

例如完备性网络就是一个典型的 k- 规则网络，k＝N-1，每个节点均与其余的 N-1 个节点直接相连。

再如，环形网络也是一种规则网络。k＝2 时，每个节点均与两个节点存在连接。

2.星形网络和平衡2-叉树网络

星形网络和2-叉树网络也属于规则网络的范畴。星形网络中有N-1个节点均与剩下的一个节点$n_i$直接相连，它们的节点度均等于1，节点$n_i$的度等于N-1，网络熵为Ent（G）。它与网络节点个数有关。节点个数越多，网络熵越小，越接近于0。

平衡2-叉树网络，除叶节点之外，每个节点都有两个子节点，共有N-1条连接。根节点的度等于2，叶节点的度等于1，其余节点的度都等于3，节点度只可能取1、2、3。平衡2-叉树中根节点和叶节点与其他大多数节点的连接规律不一致，是导致网络熵大于1的主要原因。

R中生成星形网络和平衡2-叉树网络的函数是graph.star和graph.tree。

总之，规则网络具有低熵和零熵，网络的平均测地线距离相对较低。规则网络在计算机设计、有限元分析、材料晶体结构以及建筑建模中都有重要的应用价值，这也是网络分析的起点。由后面的讨论可以看出，k-规则网络是小世界网络研究的基础。

## （二）随机网络及特点

随机网络是最早被研究的网络之一，20世纪50年代有关图论研究的文献中就有对随机网络的讨论。大规模随机网络的最大特点是：节点的度分布服从泊松分布，网络熵随网络密度的增加呈非线性变化，网络密度为0.5的随机网络具有最大的网络熵。

1.随机网络的节点度分布和R函数

这里，将包含N个节点和E条连接的随机网络看成包含W个节点的空网络（不存在任何连接）随时间t＝0，1，2，…，E推移逐步演变的结果。其中，每个时刻t均在上个时刻t-1的基础上随机挑选一对节点，并在其间增加一条连接，经过E步，直到添加E条连接为止。

2.随机网络的熵

从随机网络的生成过程看，网络连接数是影响网络的重要参数。极端情况下，当连接数E＝N（N-1）/2时，所得网络即为完备网络，网络密度最大等于1，网络熵等于0，是规则网络。所以，随机网络的随机性与连接个数或网络密度有密切关系。为此，通过数据模拟，可考察网络密度与随机性（网络熵）的关系。

这里，设网络节点数为100，连接个数从100增加至4900，分别计算网络密度和熵，并绘制密度与熵的散点图。具体代码如下：

```
library（"entropy"）
den.ER < -vector（）
en.ER < -vector（）
set.seed（12345）
for（iin 100：4900）{
ER < -erdos.renyi.game（n = 100, p.or.m = i, type = "gnm"）
den.ER < -c（den.ER, graph.density（graph = ER））
en.ER < -c（en.ER, fentropy（y = table（degree（graph = ER）），unit = "log2"））
}
plot（den.ER, en.ER, Xlab = "网络密度", ylab = "网络熵", cex = 0.5）
```

当网络密度在较高水平或者较低水平时，网络熵快速下降至0，此时随机网络并不具有随机性，其度分布与泊松分布也相距较大。当网络密度在0.5时，网络熵达到最大，网络的随机性最强。可见，随着网络密度偏离0.5，随机网络就不再那么随机。应用中不应忽略这一特点。

事实上，现实生活中的大部分网络，例如电路布线图、道路和铁路、水利系统以及大多数的复杂系统，都不是完全随机的。研究随机网络的意义在于：可以从一个随机网络开始观察其如何随着时间的推移演变成某种形态的非随机性网络。这个过程在网络分析中称为涌现。例如新产品市场一般是一个随机网络，节点代表商品和消费者，商品和消费者间的连接表示商品的购买。随着市场的不断成长，随机网络将演变成一种仅有少数商品被较多消费者购买，即仅有少数节点与较多其他节点相连的非随机网络。

### （三）小世界网络及特点

小世界网络是介于规则网络和随机网络之间的一种网络，一般具有大部分的确定性和少部分的随机性。这里，以小世界网络的生成过程为出发点，讨论什么是小世界网络，以及小世界网络的特点。

首先，指定重连概率p = 0意味着生成一个规则网络。该网络包含50个节点，与邻域半径为3的节点相连，即各个节点的度为6。规则网络各节点的度均等于6，网络的聚类系数等于0.6，平均测地线距离为4.6。

然后，指定重连概率p＝0.01，即仅对1%的连接做随机化重连。WS小世界网络主要表现出规则性，但也有小部分的随机性。与原来的规则网络相比，聚类系数为0.57，变化不大。但平均测地线距离降低幅度较大，从4.6降低到3.88。研究表明，随着网络重连概率p的增大，网络熵逐渐增大，网络的平均测地线长度将呈指数下降。WS小世界网络的度分布较陡，且随重连概率p的增加而逐渐趋于平缓，是个类泊松分布。

小世界网络具有小世界效应，即在规则网络的基础上，随机化很少的连接就可以使网络的平均测地线距离快速降低，且仍基本保持原有的网络凝聚性。与同等规模的随机网络相比，小世界网络的聚类系数较大，具有较强的网络凝聚性。

大量研究表明，现实世界中相当一部分的网络属于小世界网络，如互联网、学术研究合作网、生态食物链网等。社会学研究表明，人际关系网络也属于小世界网络，并有六度分隔理论（Six Degrees of Separation）之说，即在社会网络中，和任何一个陌生人之间所间隔的人不会超过六个，即最多通过五个彼此熟悉的中间人就可联系任何两个互不相识的陌生人。它强调的是小世界网络的平均测度线距离较短的特点。

### （四）无标度网络及特点

无标度网络是介于规则网络和随机网络之间的一种网络，一般具有大部分的随机性和少部分的规则性。典型的无标度网络是BA网络。这里，以无标度网络的BA生成过程为出发点，讨论什么是无标度网络，以及无标度网络的特点。

1.BA规则

Barabasi-Albert（简称BA）网络规则的核心思路是：从一个很小的（如包含三个节点）完备网络开始，每步向现有网络中添加一个节点v和m条连接，即节点v作为有向网络的尾节点，其关键问题是如何确定m个头节点。头节点的选择应依据当前网络中的节点度，构造一个关于节点度的线性或非线性函数。哪个节点的度越高，函数值越大，成为头节点的概率就越高。每添加一个节点后，须重新计算各节点的度，节点度分布也会随之发生变化。该步骤重复多次，直到网络到达指定的节点规模为止。

可见，依据上述规则，网络生成过程中必然使节点度高的节点获得更高的度，节点度低的节点，度数持续降低。通俗讲就是，"受欢迎"的节点更"受欢迎"，"不被喜欢"的节点越来越"不被喜欢"。最终，BA网络中将存在极少数节点度很高的节点，通常称为hub节点，以及较多的节点度较低的节点。BA网络是典型的无标度网络。

R的barabasi.game函数可实现上述过程，函数的基本书写格式为：

barabasi.game（n＝节点个数，m＝每个节点添加的连接数）

这说明，barabasi.game规定起始网络只包含一个节点。初始阶段每步添加的连接数会大于现有网络的节点数，此时默认连接数等于节点数。

例如随机生成包含50个节点，每次添加3条连接的无向BA网络。其具体代码如下：

```
set.seed（12345）
par（mfrow＝c（2，2））
G＜-barabasi.game（n＝50，m＝3，directed＝FALSE）
plot（G，main＝"BA网络"，vertex.label＝NA，vertex.size＝10）
d.G＜-degree（graph＝G）                        #计算节点度
barplot（sort（table（d.G），decreasing＝TRUE），xlab＝"节点度"，
ylab＝"频数"，main＝"BA网络的度分布"）
```

2.BA网络的度分布特征

为计算所生成的BA网络其度分布的参数a，调用power.law.fit函数。power.law.fit函数的基本书写格式如下：

power.law.fit（X＝节点度向量）

power.law.fit将返回包括alpha等成分名的列表，其中alpha即为上述a。

例如对于上例G网络，计算度分布中的a参数值。

```
parm＜-power.law.fit（x＝d.G）                    #拟合网络参数
parmSalpha                                    #显不参数alpha
[1] 2.763986
x＜-mm（d.G）：max（d.G）
y＜-x-parm$alpha                               #计算幂率值
plot（x，y，type＝"1"，main＝c（"幂率分布"，paste（"alpha＝"，
round（parm$alpha，
2），sep＝"")))
```

xl < -x*10                                    #无标度特征 k＝10

yl < -y*（10-parmSalpha）

plot（xl，yl，type＝"I"，main＝"无标度特征"）

本例中，a＝2.76。此外，power.law.fit 函数还利用统计的 K-S 检验方法，检验实际度分布是否与 a＝2.76 的幂率分布存在显著差异，并给出概率-P 值。当概率-P 值（本例中概率-P 值等于0.99）大于指定的显著性水平（如0.05），则不能拒绝实际度分布与理论的幂率分布无显著差异的原假设。

BA 网络是典型的无标度网络，主要原因是其度分布函数是无标度函数。所谓无标度函数是指：满足 f（kx）=βf（x）的函数。其中，x 扩大常数 k 倍，使函数值扩大常数 β 倍，β＝k$^a$ 是独立于 x 的常数。直观结果就是，x 轴放大常数 k 倍仅使曲线图形在 y 轴方向向上或向下平移，但不改变曲线的形状。

此外，static.power.law.game 函数可用于生成无标度网络（默认无向），该网络的节点度分布服从指定参数 a 的幂率分布。基本书写格式如下：

static，power，law.game（no.of.nodes＝网络节点数，no.of.edees＝网络连接数，exponent，out＝参数 a）

例如生成与上述 G 网络有相同参数的无标度网络。

G < -static.power.law.game（no.or.nodes＝vcount（G），no.of.edges＝ecount（G），ex-ponent.out＝parmSalpha

plot（G，main＝"指定参数的无标度网络"，vertex.label＝NA，vertex.size＝10）

barplot（sort（table（d.G），decreasing＝TRUE），xlab＝"节点度"，ylab＝"频数"，main＝"无标度网络的度分布"

3.BA 网络的熵

研究表明：BA 网络的熵与网络密度有关。随着 BA 规则中参数 m 的不断增大，网络密度将不断增加，也使网络熵出现非线性的变化。

例如利用 BA 规则生成包含50个节点的无向 BA 网络，并令参数 m 从3开始逐渐增大至最大50（依据 BA 规则 m 超过节点个数无意义）。计算各个网络的网络密度和熵，并绘制散点图。

library（"entropy"）

den.BA < -vector（）

```
en.BA < -vector（ ）
set.seed（12345）
for（i in 3：50）{
BA < -barabasi.game（n = 50fm = I，directed = FALSE）
den.BA < -c（den.BA，graph.density（graph = BA））
en.BA < -c（en.BA，entropy（y = table（degree（graph = BA）），unit = "log2"））
}
plot（den.BA，en.BA，xlab = "网络密度"，ylab = "网络熵"，cex = 0.5）
```

无标度网络随着网络密度增加至0.8左右，网络熵基本呈线性增加趋势，并未出现随机网络密度等于0.5时随机性达到最大的情况。所以，无标度网络即使在网络密度较高时，仍具有较大的随机性。事实上，原因在于其度分布为幂率分布。当网络密度继续增加至1时，BA网络的熵快速下降至0，体现出规则性特征。事实上，此时的度分布已不再是幂率分布。研究无标度网络的意义在于：无标度网络通常是随机网络的涌现结果，许多基础设施网络，如铁路、天然气、石油系统、电信网络等均为无标度网络。

# 第三节　数据挖掘的其他方法与社会影响

## 一、数据挖掘的其他方法

由于数据挖掘范围很广，有很多不同的数据挖掘方法，但不可能覆盖数据挖掘的所有方法。

### （一）统计学数据挖掘

数据挖掘技术主要源自计算机科学学科，包括数据挖掘、机器学习、数据仓库和算法。它们旨在有效地处理大量数据，这些数据通常是多维的，可能具有各种复杂类型。然而，对于数据分析，特别是数值数据分析，还有一些得到确认的统计学技术。这些技术已经被广泛地应用到某些科学数据（例如物理学、工程、制造业、心理学和医学的实验数据），以及经济或社会科学数据。

回归。一般地说，这些方法用来由一个或多个预测（独立）变量预测一个响应（依赖）变量的值，其中变量都是数值的。有各种不同形式的回归，如线性的、多元的、加权的、多项式的、非参数的和鲁棒的（当误差不满足常规条件，或者数据包含显著的离群点时，鲁棒的方法是有用的）。

广义线性模型（Generalized Linear Model）。这些模型和它们的推广（广义加法模型）允许一个分类的（标称的）响应变量（或它的某种变换）以使用线性回归对数值响应变量建模类似的方式，与一系列预测变量相关。广义线性模型包括逻辑斯蒂回归（Logistic Regression）和泊松回归（Poisson Regression）。

方差分析（Analysis of Variance）。这些技术分析由一个数值响应变量和一个或多个分类变量（因素）描述的两个或多个总体的实验数据。一般地说，一个ANOVA（方差的单因素分析）问题涉及k个总体或处理方法的比较，决定是否至少有两种方法是不同的。也存在更复杂的ANOVA问题。

混合效应模型（Mixed-Effect model）。这些模型用来分析分组数据——可以根据一个或多个分组变量分类的数据。通常，它们根据一个或多个因素来描述一个响应变量和一些相关变量之间的关系。应用的公共领域包括多层数据、重复测量数据、分组实验设计和纵向数据。

因素分析（Factor Analysis）。这种方法用来决定哪些变量组合产生一个给定因素。例如对许多精神病学数据，不可能直接测量某个感兴趣的因素（如智能）；然而，测量反映该感兴趣因素的其他量（如学生考试成绩）是可能的。这里没有指定依赖变量。

判别式分析（Discriminant Analysis）。这种技术用来预测一个分类的响应变量。与广义线性模型不同，它假定独立变量服从多元正态分布。该过程试图决定多个判别式函数（独立变量的线性组合），区别由响应变量定义的组。判别式分析在社会科学中被普遍使用。

生存分析（Survival Analysis）。有一些得到确认的统计技术用于生存分析。这些技术起初用于预测一个病人经过治疗后能够或至少可以生存到时间t的概率。然而，生存分析的方法也常用于设备制造，以估计工业设备的生命周期。流行的方法包括Kaplan-Meier生存估计、Cox比例风险回归模型以及它们的扩展。

质量控制（Quality Control）。各种统计法可以用来为质量控制准备图表，例如Shewhart图表和CUSUM图表（都用于显示组汇总统计量）。这些统计量包

括均值、标准差、极差、计数、移动平均、移动标准差和移动极差。

### （二）关于数据挖掘基础的观点

目前，关于数据挖掘理论基础的研究还不成熟。坚实而系统的理论基础非常重要，因为它可以为数据挖掘技术的开发、评价和实践提供一个一致的框架。关于数据挖掘基础的一些理论包括以下内容：

数据归约（Data Reduction）。在这种理论下，数据挖掘的基础是简化数据表示。数据归约以牺牲准确性换取速度，以适应快速得到大型数据库上查询的近似回答的要求。数据归约技术包括奇异值分解（主成分分析的推动因素）、小波、回归、对数线性模型、直方图、聚类、抽样和索引树的构造。

数据压缩（Data Compression）。根据这一理论，数据挖掘的基础是通过位编码、关联规则、决策树、聚类等压缩给定数据。最小描述长度原理是一种选择统计模型的方法，其核心思想是在数据压缩和模型选择中寻找最佳的平衡点。典型的编码是以二进位为单位的编码。

概率统计理论（Probability and Statistical Theory）。根据这一理论，数据挖掘的基础是发现随机变量的联合概率分布。例如贝叶斯信念网络或层次贝叶斯模盘。

微观经济学观点（Microeconomic View）。微观经济学观点把数据挖掘看作发现模式的任务，这些模式仅当能够用于企业的决策过程（例如市场决策和生产计划）才是有趣的。这种观点是功利主义的，能起作用的模式才被认为是有趣的。企业被看作面对优化的问题，其目标是最大化决策的作用或价值。在这种理论下，数据挖掘变成一个非线性优化问题。

模式发现和归纳数据库（Pattern Discovery and Inductive Databases）。在这种理论下，数据挖掘的基础是发现出现在数据中的模式，如关联、分类模型、序列模式等。诸如机器学习、神经网络、关联挖掘、序列模式挖掘、聚类和一些其他子领域都促成这一理论。知识库可以看做由数据和模式组成的数据库。用户通过查询知识库中的数据和定理（即模式）与系统交互。这里，知识库实际上是一个归纳数据库。

这些理论不是相互排斥的。例如模式发现也可以看做是数据归约或数据压缩的一种形式。理想地，一个理论框架应该能够对典型的数据挖掘任务（例如关联、分类和聚类）进行建模，具有概率性质，能够处理不同形式的数据，并且考虑数据挖掘的迭代和交互本质。建立一个能够满足这些要求的定义良好的数据挖掘框架还需要进一步努力。

### （三）听觉数据挖掘

听觉数据挖掘（Audio Data Mining）用音频信号来指示数据的模式或数据挖掘结果的特征。尽管可视数据挖掘使用图形显示能够揭示一些有趣的模式，但它要求用户全神贯注地观察模式，并确定其中有趣的或新颖的特征，因此有时是令人厌倦的。如果能够将模式转换成声音和音乐，那么就可以通过听音调、节奏、曲调和旋律，而不是看图片来确定有趣的或不同寻常的东西。这种方式可能减轻视觉关注的负担，比可视挖掘更轻松。因此，听觉数据挖掘是对可视数据挖掘的一种有趣补充。

## 二、数据挖掘与社会的影响

对大多数人，数据挖掘是日常生活的一部分，虽然我们常常没有意识到它的存在，但是，它影响日常生活的方方面面，例如从当地超市供应的商品、网上冲浪看到的广告，到犯罪预防等。通常，通过改进服务和提高顾客满意度，以及生活方式，数据挖掘能够为个人带来许多好处。然而，它也会严重威胁到个人隐私权和数据安全。

### （一）生活中的数据挖掘

数据挖掘出现在我们日常生活的许多方面，无论我们是否意识到它的存在，它已影响到我们如何购物、工作和搜索信息，甚至影响到我们的休闲、健康和幸福。我们考察这种普适的（Ubiquitous）数据挖掘的例子。其中一些例子也体现了无形的（Invisible）数据挖掘。有些"聪明的"软件，如Web搜索引擎、顾客自适应的Web服务（例如使用推荐算法）、"智能"数据库系统、电子邮件管理器、票务大师等，都把数据挖掘结合到它们的功能组件中，却常常不为用户所知晓。

从零售店在顾客收据上打印的个性化优惠券，到在线商店根据顾客兴趣推荐的相关物品，数据挖掘以标新立异的方式对我们购买的物品、购物的方式以及购物的体验产生了影响。以沃尔玛为例，每周有数亿顾客访问它的超过上万家商场。沃尔玛允许供应商访问有关他们产品的数据，并使用数据挖掘软件对其分析。这样，供应商可以识别顾客在不同商场的购买模式，控制库存和商品布局，并获得新的商机。所有这些将会最终影响何种（和多少）产品摆在商场的货架上：这是下一次你经过沃尔玛的过道时可能考虑的商品。

当我们谈论购物时，假设你正使用信用卡进行购物。如今从信用卡公司收到可疑或异常的消费情况的电话并不稀奇。信用卡公司使用数据挖掘来检测欺诈性使用，每年可以挽回数十亿美元的损失。

许多公司为提升客户关系管理（Customer Relationship Management，CRM）而越来越多地使用数据挖掘，这既有助于取代大众营销，又能提供更多订制的个人服务来处理个体顾客的需要。通过研究在网店上的浏览和购买模式，公司可以订制适合顾客特点的广告和推销，使得顾客较少地被大量不必要的邮寄或垃圾邮件所烦扰。这些举措可以为公司节省大量费用。顾客也可以从中受益，因为他们经常会收到真正感兴趣的通报，导致花更少的时间获得更大的收获。

正如我们可能从这些日常例子所看到的，数据挖掘无处不在。我们可以不停地列举这种例子。在许多情况下，数据挖掘是无形的，因为用户可能并不知晓他们正在查看数据挖掘返回的结果，也不知晓他们的点击实际上已经作为新数据提供给数据挖掘系统。为了使数据挖掘作为一种技术被进一步改进和接受，需要在许多领域进行持续的研究和开发，如贯穿本书提到的挑战。这些包括效率和可伸缩性、增强用户交互、背景知识与可视化技术的结合、发现有趣模式的有效方法、改进复杂数据类型和流数据的处理、实时数据挖掘、Web数据挖掘等。此外，把数据挖掘集成到已有商业和科学技术中，提供特定领域的数据挖掘系统，将有助于该技术的进步。相对于一般的数据挖掘系统，数据挖掘在电子商务应用领域的成功就是一个例证。

## （二）数据挖掘的隐私、安全和社会影响

随着越来越多的信息以电子形式出现并在Web上可以访问，以及越来越强大的数据挖掘工具的开发和投入使用，人们越来越担心数据挖掘可能会威胁到隐私和数据安全。然而，需要指出的是，大多数的数据挖掘应用并没有涉及个人的数据。突出的例子包括涉及自然资源的应用、水灾和干旱的预报、气象学、天文

学、地理学、地质学、生物学和其他科学与工程数据。此外，大多数数据挖掘研究集中在可伸缩算法的开发，也不涉及个人数据。

数据挖掘技术关注一般模式或统计显著的模式的发现，而不是关于个人的具体信息。

在这种意义上，我们相信真正的隐私关注是对个人记录不受限制的访问，特别是对敏感的私有信息的访问，如信用卡交易记录、卫生保健记录、个人理财记录、生物学特征、犯罪/法律调查和血统查询等。对于确实涉及个人数据的数据挖掘应用，在很多情况下，采用诸如从数据中删除敏感的身份标识符的简单方法就可以保护大多数个人的隐私。尽管如此，只要个人识别信息以数字形式收集和存放，数据挖掘程序能够访问这种数据（即便是在数据准备阶段），隐私关注就会存在。

不适当的披露或没有披露控制可能是隐私问题的根源。为了处理这些问题，已经开发了大量加强数据安全性的技术。此外，在开发保护隐私的数据挖掘方法方面也做了大量的工作。

在收集和挖掘数据时，我们能为保护个人的隐私做些什么呢？人们开发了许多数据安全增强技术帮助保护数据。数据库可以使用多级安全模型，根据不同的安全级别对数据分类和限制，只允许用户访问经过授权的安全级别上的数据。然而，现已证明用户在授权的级别上执行特定的查询仍能推测出更敏感的信息，并且类似的可能性在数据挖掘中也可能发生。加密是另一项技术，它对个体数据项进行编码。这可能涉及盲签名（Blind Signatures，建立在公钥加密上）、生物测定加密（Biometric Encryption）（例如使用人的虹膜或指纹对其个人信息编码）、匿名数据库（Anonymous Database）（允许合并不同的数据库，但对个人信息的访问仅限于知道它的人；个人信息被加密并存储到不同的位置）。入侵检测是另一个活跃的研究领域，也可以帮助保护个人数据的私有性。

保护隐私的数据挖掘（Privacy-Preserving Data Mining）是一个数据挖掘研究领域，对数据挖掘中的隐私保护做出反应。它也被称为加强隐私的（Privacy-Enhanced）或隐私敏感的（Privacy-Sensitive）数据挖掘。它的目的是获得有效的数据挖掘结果，而不泄露底层的敏感数据值。大部分保护隐私的数据挖掘都使用某种数据变换来保护隐私。通常，这些方法改变表示的粒度以保护隐私。例如它们可以把数据从个体顾客泛化到顾客群。但粒度归约导致信息损失，并可能影响数据挖掘结果的有用性。这是信息损失和隐私之间的自然折中。保护隐私的数据挖掘可以分成如下三类：

随机化方法。这些方法把噪声添加到数据中，掩盖记录的某些属性值。添加的噪声应该足够多，使得个体记录的值，特别是敏感的值不能恢复。然而，添加应该有技巧，使得最终的数据挖掘结果基本保持不变。这种技术旨在从扰动的数据中得到聚集分布，随后可以开发使用这些聚集分布的数据挖掘技术。

分布式隐私保护。大型数据集通常被水平（数据集被划分成不同的记录子集并分布在多个站点上）或垂直（数据集按属性划分和分布）或同时水平和垂直划分与分布。尽管个体站点并不想共享它们的整个数据集，但是它们可能通过各种协议允许有限的信息共享。这种方法的总体效果是在导出整个数据集的聚集结果的同时，维护个体对象的隐私。

降低数据挖掘结果的作用。在许多情况下，尽管可能得不到数据，但是数据挖掘的输出（例如关联规则、分类模型）也可能导致侵害隐私。解决方案可能是通过修改数据或稍微扭曲分类模型，降低数据挖掘的作用。

最近，研究人员提出了保护隐私的数据挖掘的新思想，如差动隐私（Differential Privacy）概念。其一般思想是，对于两个非常接近的数据集（仅在一个极小的数据集上不同，如在单个元素上不同），给定的差动隐私算法在两个数据集上的行为近似相同。这个定义确保极小的数据集（例如代表个人）的缺失与否不会显著地影响查询结果的输出。基于这一概念，已经开发了一组差动隐私保护的数据挖掘算法。这一方向的研究正在进行，期望在不久的将来会有更好的隐私保护数据和数据挖掘算法出现。

像其他的技术一样，数据挖掘可能被滥用。然而，我们不能忽视数据挖掘研究给我们带来的好处。从医药和科学应用中获得的认识，到通过帮助公司更好地迎合顾客的需求来提高顾客的满意度。我们期望计算机科学家、政策专家和反恐专家会继续与社会科学家、律师、公司及顾客共同担负起责任，建立保护数据隐私和安全的解决方案。这样，我们可以继续收获数据挖掘带来的好处——时间和金钱的节省以及新知识的发现。

# 第四章　人工智能在智慧城市开发建设实践中的运用

## 第一节　智慧城市的实践运用之智慧码头与智慧综合体

### 一、智慧城市的实践运用——智慧码头

#### （一）智慧码头的功能和优势

传统码头与智慧码头虽然从结果上来看，都是在从事货物的装卸运输服务，但其本质和带来的效益却大不相同。相比于传统码头，智慧码头具有更高的科技属性和立体化、个性化的服务优势。智慧码头最重要的标志与外在体现就是跨区域、跨行业、跨部门的高效组织与物流链协作。从生产作业模式上来讲，传统码头是封闭运作模式，对货物进行封闭装卸；而智慧码头则是开放性运作，与供应链上下游协同运作，追求创新性、拓展性、开放性。从科技创新上来讲，传统码头的科技创新仅满足于某种生产工艺的单一创新，其提高的生产效率有限；而智慧码头的科技创新基于数据驱动的码头智能化运营与管理模式，其创新是全面性的。从建设核心目标上来讲，传统码头的建设核心是比较狭隘的生产作业需求；而智慧码头建设的核心目标是促进国际贸易便捷化，借助数字化和智能化打破传统码头对于物流的限制，强化新兴智能码头整合资源的能力，即从更深层次上实现对各项资源的优化配置和合理整合。从劳动力需求上来讲，传统码头普遍属于劳动密集型企业，对劳动者数量需求较大，但对劳动者的要求并不高，往往只须具备某些简单技能即可；而智慧码头属于技术密集型企业，对劳动者数量需求较小，但对劳动者本身的知识技能水平要求较高。从经济效益上来讲，传统码头

经济效益低、能耗高；而智慧码头经济效益高、绿色低碳，符合国家环保发展理念。

智慧码头的发展是以传统码头为基础，采取创新发展模式，结合当前飞速发展的科学技术，实现在新的发展趋势下码头企业的优化转型。智慧码头的主要功能包括智能政务、智能商务、智能管理及自动装卸等。智能政务主要是指政府相关部门对于进出口贸易的监督管辖工作通过智能管理的方式进行；智能商务主要是指货主、船东、铁路、码头及其他相关单位通过物联网和互联网等技术手段实现智能化、信息化的商务合作；智能管理及自动装卸是物流企业和码头管理者为了提高作业效率，提升服务水平而必须开展的工作。总体而言，建设智慧码头是为了实现对传统码头的转型升级，但是智慧码头和传统码头在经营方面的目标是一致的，只是实现的手段更加丰富，同时科技含量更高。

智慧码头不仅可以提升生产作业效率、大幅降低生产成本，同时还可以实现绿色低碳的发展目标，因此建设智慧码头对于实现码头的绿色可持续发展意义重大。我国经济正处在转型期，供给侧结构性改革正在如火如荼地开展，码头面临的行业竞争压力及货源结构调整压力与日俱增。结合智慧码头的功能和优势，可以看到构建智慧码头是目前码头企业解决所面临困境的最优途径。码头必须以互联网的思维，用全新的视角来审视自身，抓准问题，创新求变，从而实现码头的转型发展。

## （二）智慧码头建设内容

根据物联网体系框架分析，智慧码头的建设一般包括以下六个层次：

1.感知层

感知层主要利用RFID、AIS、北斗定位等技术对车、船、货、机械设备等进行充分感知。

2.基础环境层

基础环境层主要包括移动通信、无线网络、宽带等通信网络的构建，以及应用软件、服务器、数据存储和安全系统等内容。

3.数据资源层

数据资源层包括海关、商检等政府部门系统数据及大数据中心信息。对于智慧码头需要的统一认证、计算、网络、操作等系统，可采用云系统的方式实现，既能最大限度地节约资源，又可提高信息利用效率。

### 4.支撑层

支撑层包含数据交换、视频监控、地理位置信息等内容。

### 5.应用层

应用层的基本功能应包括智慧口岸、智慧物流、智慧港区、智慧调度、智慧商务等基本板块，在具体建设中可根据码头生产实际进行不同程度的调整与侧重。应用层建设的目标是促进码头作业区域的资源信息共享，包括金融服务、作业监控、生产调度、电子商务、货物装卸、闸口管理、泊位管理、堆场管理、码头供应链物流等内容，同时也促进政府监管等工作的电子化和自动化运行。

### 6.展示层

展示层主要包括移动终端、网站、公众服务对接等内容。

## （三）智慧码头建设相关技术

### 1.物流与物联网

物流是经济贸易活动，物联网是在互联网快速发展的基础上形成的一种复合型技术，看似关系不大的两者，在实际应用中是相辅相成、互为促进的。物联网技术的发展需要由相应的领域来实践，物流行业恰好为其提供了走向实践的机会。物流行业目前已成为物联网技术的主要载体，而物联网技术的发展也带动着物流行业的进步。

经济全球化使国际贸易日益频繁，为了满足国际贸易的需求，包括物联网技术在内的许多新兴技术已经广泛应用于物流行业。物流行业效率直接影响着国际贸易收益，物流行业效率越高，物流成本越低，国际贸易的收益就越高。随着信息技术、射频识别技术及移动通信等物联网技术的飞速发展，物流行业得到了快速发展，借助物联网技术，实现了货主与港航单位的实时互通，实现了货主对货物的实时跟踪，实现了"一单制"通关。物联网改变着物流行业，物流行业结合物联网技术正在改变着人们的生产、生活方式。

### 2.物流信息化

物流信息化是物流企业在业务操作环节利用现代化信息技术，对物流活动中涉及的信息采集、传递、数据汇总、识别和跟踪等内容进行处置，实现对货流的全过程控制，降低经营成本并提升经营效益。对基础信息的采集和信息资源共享是物流信息化的核心所在。可以说，物流信息化是现代物流发展的基石和必由之路。智慧码头要将"互联网＋"的优势充分发挥，对码头内外资金流、货运流、物流和信息资源高度融合，借助云计算、移动互联和物联网科技，对传统物流行业之一的码头行业进行业务流程的再造和管理系统升级。信息化的应用促进了物流供应链信息流的高度共享、协同，降低了水运、铁路、公路等作业运输设备的无效等待时间，有效提升了大宗货物运输效率。物流信息化是智慧码头设计的一个重要部分，除此之外，智慧码头还包含自动化技术、无线传输技术、云计算等先进技术。

物流信息化和智慧码头的协同发展具有如下作用：

首先，码头企业可以提升工作效率。物流信息化技术在码头的广泛应用实现了货物网上交易、货物电子运单、"一单制"通关，有效减少了工作过程中的冗余环节，大幅提高了货主、港行企业、政府监管部门的工作效率。

其次，其对整个区域的经济发展具有推进作用。智慧码头的建立及物流信息化的快速发展，对于码头物流行业来说具有重要意义，同时对于物流供应链的其他环节来说也具有一定的影响，例如政府部门的海关、海事、检验检疫等。建立码头物流行业的信息综合系统，可以实现功能的整合利用，对于实现码头物流行业一体化来说起到促进作用，更为重要的是，物流行业对本地区的经济发展也具有十分重要的推动作用。

最后，物流信息化和智慧码头的协同发展，共同致力于提升物流链的供应效率。借助上下游企业的信息反馈及时获得准确信息，及时调整业务流程，优化服务理念，提高供应链协调性和效益整体性。生产企业和销售企业加强协作，供应商与采购商搭建共赢平台，码头行业与铁路及航运企业协同发展。信息协同可以产生巨大的经济效益，比如供应商自动补货系统及时补充销售商的库存、根据销售商的市场预测制订合理的生产计划、码头企业根据船舶到港情况合理制订作业计划等。

3.云计算

云计算是一种基于互联网的计算模式，借助该计算方式实现硬件资源和信息的共享，并根据需求将信息内容提供给相关设备。云计算在码头的前沿应用有：应急情况下的码头动态调度弹性负载均衡技术、面向码头信息资源共享的分布式数据库的数据同步技术、针对不确定性作业任务的实时数据处理技术、基于同态映射的码头资源虚拟化技术。云计算的产生是依托云服务出现的，其本质就是利用互联网高数量级的服务器进行计算存储工作，云计算的目的是实现集中优势资源解决用户面临的问题，而不需要客户自行购置大量的硬件设备。以目前的技术手段而言，云计算的计算存储能力十分卓越。云计算已经成为目前大多数企业提升企业智能化的手段之一，同时云计算也是码头行业建设智慧码头必不可少的技术手段。云计算系统中的公有云和私有云可以根据客户需求的不同提供差异化的服务。所谓公有云，主要面向公众及政府部门提供相应电子服务；而私有云主要为各个码头企业及客户提供必需的网上服务。码头系统的云服务平台能够很好地促进供应链上下游企业的快速交流，促进信息传递效果提升。

### （四）智慧码头平台功能设计

将相关技术结合工作实际，智慧码头平台搭建可以分为以下四个部分：

一是港区智能调度系统涉及港口业务手续、调度计划、集疏港管理、船代信息及各港区生产作业信息等业务，包括计划管理、船舶管理、装船生产写实、车辆管理、卸车生产写实、场存管理、设备故障管理和海洋预报气象信息发布等主要功能。通过生产动态可视化和报表中心等多种展示方式，实现远程视频调度指挥、装船卸车现场监测、重点设备视频监测、库场情况可视化管理等，以便调度人员实时掌握生产状态，高效地安排及指挥生产作业，提高作业效率和安全等级。港区智能调度系统在整合港区生产数据的基础上，拟采用B/S框架，包括生产动态信息管理、生产动态可视化、报表中心、移动服务平台、系统管理五部分。

二是码头智能化、自动化作业。运用智能作业管理系统，实现码头现场作业的智能化、自动化，对作业的各机械设备、车辆、船舶、货物、磅房、堆场、闸口、作业人员、生产安全等进行智能化、自动化管理。智能作业管理系统以生产全过程自动化和管理透明化为基础，借鉴先进的管理理念和技术对港口装卸流程进行优化，促进港口作业的全过程自动化，逐步降低人员操作环节的数量，达到智能化创新的程度，实现港口作业生产全过程管理，实现码头作业运营的标准化和智能化。

三是港口安全监管及应急指挥实现港口安全监管、危险源主动防控、突发事件处置、应急指挥通信、安全监控预警、安全巡检、应急通信等功能。建立智能闸口管理系统，利用物联网、数据库、北斗等信息化技术，实现港区闸口、港区车辆、车辆行为、车辆衡重、集疏货物和信息统计等的智能闸口管理，实现港口区域内人员、车辆、货物等方面管理的信息共享，降低货运中货物丢失的风险，减少车辆停靠时间，提高港口业务办理效率，提升客户满意度，为港口的生产安全奠定基础。

四是生产调度指挥中心在原有的基础上进行改造，实现"多调合一"管理，即将各项调度功能整合到一个平台上，实现港口生产调度的统一指挥、多作业线并行调度管控、智能化"多级调度"流程自动化，即实现总调、现场调度及各码头公司的联网控制。

### （五）智慧码头建设原则

**1.实用性与先进性相结合原则**

在满足码头及相关方需求的前提下，做到简单、实用，同时充分借鉴国内外先进的港口管理理念和工艺流程，并采用先进成熟的现代物流技术满足当前生产操作实际的需要。

**2.可扩展性和易维护性原则**

系统开发构建应遵循"统一设计、预留发展、投资合理、分步实施"的方针，在设置灵活、可适应不同业务发展和变更的需要基础上，充分考虑将来业务发展、生产需要及技术发展的变化。

**3.高效性原则**

满足码头高负荷生产作业管理的需要，确保运行体系能不间断、持续高效地工作，无论在空闲还是高峰时期，系统都能高效工作，以满足实际业务需求。

**4.简便易用原则**

系统操作设置简单，人机交互界面操作简便、易用，符合基本操作习惯，处理业务灵活，能够满足港口部分外包业务功能需求。

随着经济全球化、市场国际化和网络经济时代的到来，智慧码头已成为当今码头发展的主要潮流。纵观世界发展，一些国际知名的码头和航运业巨头正在通过现代信息化工程的深度运用和创新发展，打造技术密集型的"智慧码头"，以加速向国际化、规模化、系统化方向发展，进一步拓展码头智能化功能的"增值物流"，形成资源高度整合、信息充分利用、效率极大提升、市场极大覆盖的"智慧型大物流"港。

## 二、智慧城市的实践运用——智慧综合体

### （一）智慧综合体的主要功能与特征

城市综合体是一种拥有多种多样的业态、具有复合化功能、利用最少的资源发挥最大作用的城市综合性建筑。城市综合体一般性的功能包括办公功能、商业功能、居住功能及生活文化功能。在上述现代城市综合体最为常见的四种功能模式中，生活文化功能包括公园、会展中心、医疗机构、剧院等形式；商业功能主要包括休闲娱乐、餐饮业、购物等形式。

在城市综合体中，办公功能是其最为关键的功能之一，办公空间（如写字楼）是其主要的形式。一般写字楼是企业和人才高度集聚的场所，能够在聚集众多人脉资源，创造更多经济价值的同时，使资源间的联系更加紧密，从而带动社会价值的增值。城市综合体要满足办公人员工作时间的衣、食、住、行等基本需求，所以城市综合体的办公功能需要有其他功能来辅助，尤其是商业功能。另外，由于城市综合体收益中比较稳定的部分来自办公功能，城市综合体需要办公功能作为收益支撑。

#### 1.城市核心特征

由于其复合的功能化倾向使其发挥着重要的城市核心力作用，城市综合体一般会成为其所在城市区域的中心。城市综合体的出现对城市的发展、区域的定位都起到了重要作用。城市综合体的选址要与城市规划相协调，但随着城市中心商圈的陆续饱和，城市开始向多核心发展，城市综合体的区位复合性越来越显著。在旧城中心、规划的新城中心地带区域的商业中心发挥着主导作用，商业功能是其主导功能。作为城市空间组构之中不可缺少的部分，商业不但连接了分散的城市要素，同时推动其不断转变、演化，由此给城市综合体的出现提供了可能。城市综合体的衍生与其商业功能关系密切，将城市综合体的商业功能比作黏合剂不但形象而且贴切，它被认为是激活城市核心区域最为有效的方式。采用复合而集

约的理念，使得综合体被加上各类解释，比如各种名片、地标等。但与此同时，也促使其人流量大幅提升，推动街区的繁荣复兴，成为它的核心力功能的最好证明，继而使城市中心区域的活力与魅力得以激发。

2.交通枢纽特征

建立在资源利用基础上快速发展的现代城市，其发展模式和资源利用存在密切关系。在全球城市面临生态环境危机时，应该推广智慧城市的重要措施，以加强现代化的技术手段和智能化的城市管理体系，面对全球气候变暖现象及城市随之产生的应对问题。在智慧城市的发展模式上做出改变才是解决问题的关键。就城市的空间范畴而言，智慧城市能够有效调节建筑、交通、生产及生活四大领域。复合化建筑模式的城市综合体能够在加强城市交通联系与生活联系方面发挥至关重要的作用。

交通是智慧城市建设的又一关键领域，交通系统在交通模式选择和交通设施使用效率上对城市有很大的影响。与城市规模、土地利用模式及人们日常出行息息相关的交通系统，可以说是城市体系中最为重要与复杂的部分。换言之，如何选择交通模式将是城市综合体功能空间首要考虑的问题。从城市综合体对交通模式的选择与管理体系及总体规划上来看，城市综合体的交通功能完全可以有效提高城市区域间联系的效率。如果涉及瑞士苏黎世机场这样的综合体项目，交通枢纽的特征就变成了城市综合体设计的核心。例如该机场圈综合体设计，它是最大胆的机场建设项目之一，新建的机场楼集文化、办公、医疗、美容服务于一体，是一个真正的综合规划工程。

3.生活交往特征

随着城市的迅速发展，闲置土地正在逐渐减少，对建设用地的需求则越来越大。因此，城市对城市综合体的要求便发生了一系列的变化，主要体现在以下两方面：第一，要为旧城已有但并不能满足需求的服务性建筑或者原市中心区域，加建、改建或扩建聚集性效应更加凸显的综合体；第二，刚刚开始运营的城市综合体要能够为当地提供齐全的服务功能和完备的设施。

城市综合体承载的另一项重要功能就是生活交往功能，因此就催生了广场文化型城市综合体的建造。依托生态公园、历史古迹与文化遗迹等区域建造的广场文化型城市综合体，就在城市发展过程中为城市提供了公共活动场所。结合能够满足居民更高层次的精神需求与享受的公园与古迹等成为这类城市综合体的显著特征。

4.智慧综合体推动城市智慧化发展

城市综合体的城市性、功能区位立体差异性及形态结构的立体性三个本体属性是自身集约化城市功能及运作系统的基础。现代城市空间就是一种集约化的空间系统，它能够满足人们居住、生活、工作与休闲等基本功能。

（1）整合作用

城市综合体的发展与构建一定要切实结合城市当地的环境需求。从规划之初直到后续运营，其都要充分考虑当地的实际需求。特别是商业性的综合体项目，设计之初对于自身在城市职能中的定位，将会决定在今后的运营成果。从职能上来看，城市综合体将城市与建筑综合到了一起，其建筑与城市功能表现出了较大的联系。单体建筑的功能是自我封闭的，而综合体建筑所具有的功能则与之不同。城市综合体复合了办公、商业、居住、娱乐、文化、交通等诸多功能，并把这些功能集合到了自身。这些功能之间互相影响，彼此促进，功能职效有着很大的提高。由于其功能较为多样，能够便捷、有效地服务于市民，增加客流量。

城市综合体综合了许多项职能，各项职能间因其能动性较强，彼此激发，能够取得最大的效益。城市综合体成为社会生活的媒介，它为更多对象提供更多服务内容，使环境产生巨大的聚合力。城市综合体整合与协调城市功能的作用使其在复杂的城市环境中的重要地位越来越凸显，也使城市综合体本身具有了一定程度的"城市性"。城市综合体的本质属性是城市性，将城市引入城市综合体建筑内部，开放性和公共性更强，这也是城市综合体的重要特征之一。另外，城市性还体现在城市综合体不同功能之间有类似于不同城市功能之间的互补、共生关系，这就需要城市综合体具有较好的整合与协调机制。城市综合体呈现出微缩城市的形态，每种功能要实现顺利运作都需要其他功能的支持，通过公共空间的引入、不同城市功能之间的相互作用才能得以实现。城市综合体内部各功能系统间有着矛盾而又统一的复杂关系，即在特定方面彼此促进、互为补充，而在另外一些特定方面彼此又有尖锐的矛盾。那么，怎样处理各系统间复杂的关系就成为城市综合体一定要考虑的重要问题。只有化解或转化各系统间的冲突，最大限度地提高协助利益，才能实现综合体有序、高效地运营。

（2）优化作用

在科学层面上，"结构"是指构成整体的各个部分及其组合方式，然而实际上具有多重含义，但最为常用的意义是指事物的内部构造。城市是一个复杂系统，下面从城市空间结构组织关系方面着手，进行城市综合体系统运作过程的阐述。

在构建城市物质空间结构时，如果没有注意到构建对象有着强烈的复合性和协同性的事实，忽略其之间的有机内在联系，带来的结果就是割裂了人与自然和谐生存为主体的城市生命系统和生态空间建设，致使城市规划和建设以一些绝对的功能切块来应对城市问题。城市发展中在这方面所造成的问题，可以由城市综合体来加以集中注意。

城市综合体可以对城市空间的结构特征进行更深入的优化。在城市空间总体布局上，城市问题多发生于城市的空间组织方面，而城市综合体恰恰能够成为解决空间结构组织无力的一个环节，同时使得城市空间得以优化。城市功能模块之所以出现混乱的发展状态，最重要的原因便是缺乏可行、高效的方法和对策。当要解决目前城市空间结构失效的问题时，城市综合体能够从宏观到微观上逐层逐级地分解问题、建立联系，这便是城市综合体优化作用的显现。

（3）激活功能

随着城市空间设计对人文主义思想的引进，20世纪80年代的欧美等发达国家城市综合体的设计与构建步入了全新的时代。虽然这一时期建筑空间的形态没有太大改变，但是为了突出人性化设计，综合体在空间环境中大胆运用了广场、水体和雕塑等布局手法，充分体现了人情味，这样前期城市综合体环境品质不佳的状况就得到了有效改善。同时为了提高整个城市区域环境品质，城市综合体逐渐提高了自身与环境的融合度，竭力追求地上、地下立体化的发展态势。由于充分重视人的心理、生理与行为需求，这一阶段的城市综合体突出了空间环境的感性化设计，改变了过去人们对复杂空间功能与理性化的认识，城市综合体吸引了更多群体进行消费、休憩和交往活动，使城市的活力被激发，城市综合体也因此被赋予激活城市功能的作用。

城市综合体也整合了更多功能，与城市的连接面逐步扩大，从而摆脱了建筑的封闭束缚，发展成为一种具有复杂层次和多元素的复合开放系统。同时，在更多领域及层次与城市空间进行融合，彻底成为城市空间系统的一部分，为当地居民的休憩娱乐和消费等活动提供更加完善、更为舒适的场所。进入这一阶段后，从建筑形态的角度来说，城市综合体将产生很大的转变，单个建筑所构成的城市综合体将转变为城市综合体群，它由若干个空间以联网的方式组成，并整合了参观、娱乐、休息等各种功能，使得城市更适宜居住生活，并可以举办许多诸如庆典、艺术、音乐演出等社会文化活动，城市空间的一体化增强，地上、地面和地下的连接更加紧密。人流、物流、资金流、信息流等的积聚越来越成为城市发展的特征，这极大地促进了城市空间的发展。因为城市综合体能够强有力地将各种信息和资源加以整合与联系，它慢慢成为新的城市活动中心，展现出它所蕴含的高额经济效益，为城市的发展提供一个新的方向。城市综合体反映出城市所具有的活力，充分发挥了城市的功能。

## （二）智慧综合体功能空间设计

1.智慧综合体空间特征

在城市中，各种系统如信息化、物联网等都处于分隔开的状态，智慧城市对其加以整合，形成一个有机整体，增强了调控和协调能力，这与以往的城市完全不同。对于传统意义上的信息化和数字化城市来说，智慧城市是在其基础之上的飞跃和突破，具有了全新的内涵。

（1）智能感知

智慧单元是智慧综合体空间系统的最小单位。智慧单元对于整个系统属于微观层次，是城市活动赖以开展的基本单元，即开展各种活动的实体场所。在越来越依赖知识创新提高产业发展的今天，城市综合体就是一种涵盖研发、创新与学习等诸多功能的建筑空间新类型。同时与高技术产业有着密切的结构关系，为当今智慧城市综合体的典型。在建筑空间上也有很大的突破，与传统办公建筑相比，其更加注重学习与交流空间的融入。主张开放式办公建筑空间，并以此为主体融入了展览、图书馆建筑等的空间特质，并在其间设置了更多休憩与交流空间。

智能建筑是空间信息化发展的一种方向，近年来得到了建筑界的普遍关注。而智能建筑所发挥的功能恰恰与城市综合体空间的使用要求相吻合，能够使创新平台发挥更大的效能。城市综合体是由现代化的管理与科技相辅相成所产生的结果，它能够进行智能感知，将人与建筑通过一种崭新的方法联系起来，它同时对人与建筑的效能进行了拓展。传统的静态空间转变为智能化的动态空间，建筑从各个可能性上进行不断拓展，当建筑得到感官化后，人的官能也将得到提升和延展。柯布西耶认为，房屋可以算得上是一种用于居住的机器，进入信息化社会后，建筑就可以是具有居住功能的机器人，它是一个集成了各种感官功能和智能的巨型机器人。

智慧综合体通过中央集成系统将综合体空间与城市联系起来，形成一个联动的体系。系统集成为城市综合体提供搭建一个中央集成管理平台（包括控制网络、信息网络和综合管理平台），即中央集成。将各智能化子系统均搭建在智能感知系统集成的控制网络和信息网络这两个物理平台上。综合管理平台实现了城市综合体智能化系统的统一管理，所有子系统都通过智能化系统下属平台的界面实行统一管理，真正实现智慧综合体的IBMS集成。

（2）互联互通

城市综合体以其宏大的规模、全面多样的建筑功能汇聚着来自各地的人流、车辆和货物等。就交通压力而言，城市综合体在通过功能交叉复合，避免人和车辆在某一功能建筑物间的无谓流通，从而缓解交通压力的同时，又由于其涵盖大量的人和车辆等在基地地块集聚而制造着交通压力。因此，怎样才能妥善解决城市的交通问题，是城市综合体设计时需要着重考虑的问题之一，同时这一问题直接关系着城市的经济效益及使用的便利、安全与否。也就是说，交通流线的设计是否合理在一定程度上决定着综合体整体的设计效果。交通流线的对象就是与建筑相关的货物流和人、车流，其组织最终的目的是确保流线的合理与便捷。但是城市综合体功能的复杂与综合性，决定着与之相关的货物流和人、车流又有不同的特征。交通流向的组织就是要详细区分这些特征，并结合实际做出交通流量较为准确的估算值，然后结合其变化与使用规律得出设计值。尔后依据该值计算的所需空间或选择交通设施，最后将计算或定型的交通空间与设施结合建筑总体的布局完成统一的规划设计。

（3）动线组织与融合的功能组合

综合体功能系统由各个子系统组成，这些子系统都有不同程度的单元适应性。也就是说，在开展内部动线组织时要有适应性观念，即保持各独立子系统间的联系，使之形成综合体的交通系统。为了避免在设计时出现这样或那样的疏忽与差错，要运用系统的观念分析其功能，间接地完成交通系统流线种类的选择。城市综合体的功能系统较为独立，并且其各单元之间又有特定的规律与联系，而后者同时又是其各功能单元正常工作的必备条件。城市综合体复合性的发挥与其各功能子系统间的联系密切相关，只有确保子系统间动线的畅通，其功能的使用效率才能得到保障。同时还要确保功能子系统的独立性，如果各部分的动线、流线交叉干扰，必然会影响各功能单位的使用质量，同时也会给管理带来不便。一般城市综合体功能涵盖商业、居住（包括公寓、酒店等）、办公等，动线组织便是各功能单元之间融合与关联的关键。在智慧城市背景下，综合体内部的动线组织与交通空间的布置是实现各独立功能空间互通有无以及综合体同城市间联系的保障。

（4）动线组织与开放的空间布局

城市综合体空间的秩序随着空间与动线组织结构的建立而确立。综合体的空间结构可以理解为人对其感知、使用的浓缩。在选择空间结构模式时，不仅要满足空间的层次、公共和领域性及定位等需求，还要注意其对建筑空间活力的影响作用。统一开展交通组织的功能系统与空间及结构、设备等的设计工作，确保它们之间的影响、联系以及互相并存的关系。例如公共空间在组织交通流线时，要确保空间尺度需求与交通空间的统一。功能系统的组织又涉及人流的导向问题，由此可以看出各个子系统间的密切关系，其中，功能与空间系统联系最为紧密。

2.智慧综合体功能设计及布局

智慧单元是智慧综合体空间组合的最小功能单位，由于综合体的复合功能性使城市综合体的智慧单元具有了一定的城市性。所谓外部城市特性，是指城市综合体能够融入城市，作为城市空间的有机组成部分，为城市活动与居民提供氛围和场所。内部城市特性则是指其内部诸多功能间的互相补充、设施的高效利用与功能共享，就像缩微的城市一般。城市综合体智慧单元的空间组合是城市综合体设计中的关键问题。

（1）地标簇群式

该类结合方式没有特定的模式与规则，秩序性也不是很明确。从其空间和形态上来看，表现出较大的偶然和随意性；从其功能的联系性来看，也没有明确的规律或联系。但是如若处理手法高超，地标簇群式的城市综合体各建筑单体反而能互相映衬，产生群体效应，远比单体建筑更具魅力。比如纽约世贸中心与世界金融中心，它们都是地标簇群式的代表。

集约化概念多出现在经济学中，集约化在城市综合体中的应用原则为在有限的空间内，通过先进的建筑技术、合理的组织与布局，采用立体组织和土地混合的使用模式，以期在单位土地内拥有尽可能多的建筑功能、起到更多的作用、发挥资源的集聚效应，进而取得最大的工作效率。可以说，城市综合体的地标簇群式空间组合方式最好地诠释了"集约化"。

（2）院落围合式

该种组织形式是以某一点为中心在其周围组织建筑或功能子系统。一个功能子系统可能占据着一栋或几栋建筑，也有可能几个功能共处一栋建筑物。建筑分布在综合体基地的周边，中间围出的具有场所感焦点的开放空间便是功能组织的核心。这种围合式组织形式有着较强的内聚和稳定性，同时处于围合中心的开放空间，在一定程度上表现出综合体较强的私属性质，这能给使用者带来比较强烈的安全和归属感，从心理上给使用者以满足。

在国内采用院落围合式的城市综合体实例较多，比如著名的北京CBD万达广场，它位于北京市中央商务区核心地段，建筑面积30万 $m^2$，南区由三栋面朝东长安街颇具雕塑感的塔楼组成，北区共有12栋高层板式写字楼，围合出两个中央庭院，南北区共同构成CBD万达广场。

（3）群组拓扑式

空间可以理解为城市社会多方面的互相影响与作用在土地运用上的反映与物化结果，基于此，各系统才能在物质层面实现统一，同时确保城市这一大系统得以通过物质形态表现出来。拓扑就是在图论原理的指导下，探讨被抽象后的空间要素，点、线、面结构的组成与关系的一种数学分析技术。该技术多被应用于城市与地理空间的分析方面，并借助现代计算机技术，发展成为现代空间信息学。拓扑在这里的应用为：先将城市空间简化为拓扑网络系统，尔后分析此拓扑空间的结构及各参数之间的函数关系，最终构建起城市空间与功能间的联系。加之城市空间结构复杂、规模较大，所以可以认为拓扑分析技术是现代城市空间网络系统性研究的方法性基础。

分析智慧城市的相关模式可以发现，智能城市有很大一部分与人的思维和感觉活动等表现出极大的相似性，那么按照人的功能技术化来理解智慧城市，就可以认为其构建模式是将人的功能进行放大。也就是说。智慧城市可以被划分为极具生命感的三个层次，依次为感知层、网络层与智慧层，三者与人类的感觉、神经传导、大脑判断有着较高的相似性。

3.智慧综合体空间布局

（1）多元共生式的主体空间布局

城市综合体作为微缩的城市，各个功能系统之间的联系也是普遍的，呈网络化布局，同时又被纳入城市的网络系统中。智慧综合体空间创新机制的核心内容包括多个方面，其中一个方面就是在城市区位网络化发展的过程中，要融入空间设计理念，最终所得到的空间布局模式具备多元共生的特点。对城市综合体的结构布局进行分析后可知，它的空间有利于城市的整体发展。从城市总体布局的角度来看，它的一个重要组成部分就是城市综合体结构布局，所以在区域空间上，两者必须趋于一致。同时还要从城市规划的角度出发，将那些具有商业价值的地块做优先规划。城市综合体越来越被作为组成整体的一部分来营造，同时还要充分考虑环境因素，因此需要选择一些参照依据，包括基地周边空间布局、土地使用状况等。

对于城市综合体而言，可供选择的布局有两种：一种是外向型；另一种是内向型。通常情况下都是结合周边用地环境来确定布局类型的。在城市市区内，综合体布局所须考虑的因素主要有三个，即交通状况、周边用地环境、城市景观，通常情况下外向型布局更加适合。但是对于中心区综合体而言，它所具备的布局空间不能与城市功能空间相一致，两者应该呈现的是互补关系，这样就可以很好地避免重复开发的问题。例如杭州奥林匹克中心及国际会展中心项目在设计之初，对城市综合体的主体空间布局与城市的关系做了充分考虑。

当综合体处于特殊地段这一情况下，首要考虑的因素应该是城市空间机制。这就需要从两个方面展开工作：其一，要将特殊地段的文化价值和经济价值充分挖掘出来；其二，综合体需要尽量形成一种弥补原有城市空间的趋势，这样两者的历史文脉就可以很好地衔接起来。对于城郊区综合体而言，其典型的特点是周边可利用资源少；恰恰也是因为这一点，使得它几乎可以不用受周边地环境的限制，这也就决定了其适宜的空间布局类型是内向型。同时，它还可以将各种城市要素吸引到一起，从而产生辐射效应。

（2）智慧网络化的交通空间组织

对于智慧网络化的交通空间而言，其技术基础主要是物联网及互联网，通过现代化的信息技术形成一种城市综合体交通模式。该模式具有多方面的优势，包括完善的信息网络、高效率的运输过程、高效的服务水平、智能化的运输装备等。对于智慧城市而言，它可以充分利用现代化的信息技术手段，将各种信息资源自动整合，同时还具备较强的分析资源的能力，也可以针对城市的发展做出预测，这样就可以在很大程度上保障城市运输的高效性和安全性。在建设智慧交通之前，设定的技术目标是充分发挥物联网的感知能力，互联更加全面，智能化更加深入。由于信息技术得到了大幅的发展和创新，管理城市交通的方式也相应地产生了翻天覆地的变化。各种通信设备纷纷应用到交通管控的过程中，使得对于交通的管控具备全面数字信息化特征，再加上智能化系统的引入，使得所有的主观干预都从交通管控中脱离开来，最终所得到的管控系统可以自发地实现管理和过程控制。这也就是说，城市交通已经步入了信息空间。

对于城市综合体而言，虽然它可以在一定程度上实现自我平衡，对于外在交通的需求也没有那么高，但是从城市综合体所担负的责任角度来看，它不仅承担着自身持续稳定发展的职责，还承担着服务城市发展的职责。这也就决定了它必须具备较多的功能，以及较宽广的辐射范围，也就是说，它还是需要很大量的对外交通。因此，实现交通规划的合理化和科学化，才能打下坚实的基础，促使城市综合体的功能得到充分发挥。此外，在城市综合体的发展过程中，交通枢纽也逐渐融入其中，这对于城市和建筑的融合发挥了积极的影响，更加深入地促进城市综合体不断向着城市大系统靠拢。可以说，城市和建筑一体化是时代的产物，也是时代未来发展的趋势。从交通功能这一角度来看，其布置的交通设施不仅能够满足自身发展需求，还融入城市交通系统，包括轻轨站、地铁站等。

（3）功能节点化的辅助空间设置

对于城市综合体而言，它既基于城市形态而形成，又能与城市功能形成互补关系，它能够整合和优化城市各方面功能，以及引入新的城市功能，在城市综合体功能节点内使各功能形成多元协调、主次互补、均衡发展的功能体系。城市功能的复合化趋势带来了城市节点的城市功能综合化发展，所以综合体功能对城市功能的补充可以促进这两者共同发展，不但可以满足城市发展的需求，以及满足社会和经济发展的需求，同时还可以充分发挥综合体的综合效能。

构建功能互补协同模式，应结合城市发展，从城市发展现状出发，详细分析它所存在的问题和已经拥有的功能，只有基于城市形态所形成的综合体，才能更好地发挥其补充协同的作用。客观合理分析及判断城市各功能构成关系，为进一步优化节点功能组织、促使城市功能互补协作发展奠定基础。城市综合体中不同功能部分之间都存在着广泛的联系，以便实现相互沟通与协作。智慧综合体要想建立起良好的空间创新机制，很重要的一点就是要在设计城市综合体的空间时，融入城市区位发展中，形成网络化发展。

在智慧城市中，创新空间系统是以城市综合体为基础的，城市综合体的结构是多层级的，在这个系统中，资源整合度非常高，资源配置效率同样也很高，从而使这个系统能够发挥出最大的效能。同时，随着该系统不断优化和完善，该系统的形态逐渐发生变化，呈现出规划要素形态。对空间中这些结构要素进行设计，可以推动创新过程的进行，使创新活动拥有持续的动力，最终得到创新性的成果，从而满足创新空间中的各种需求。这样就使得城市综合体的空间体系产生具有功能节点化特征的辅助空间。

### （三）智慧综合体的智慧化价值

#### 1.景观空间的智慧功能化

从表象上看，城市空间布局的形态与城市综合体的景观结构模式是相同的，特定的功能与精神特质是二者建构的基础。城市综合体的景观空间属于城市空间平台的一部分，在信息时代，构建景观空间结构模式的重点是以空间精神特质为基础，这一特质包括自由、开放、平等的精神。从结构模式上来说，它应当与自然环境既依托又分离，达到高效混杂的效果。景观空间的一个明显优势是它与自然环境的布局相结合，同时又很好地结合了城市的功能，使得空间构成一个生态体系，进入良性循环发展。但是，城市功能特性要以信息技术为主导，因此在一定程度上必须达到城市的发展要求。更多时候城市综合体中的景观不再是单一的环境点缀，在智慧城市中它也承载了一定的城市功能，扮演着"城市客厅"与"城市花园"的角色。城市综合体的景观空间是人们各种社会交流、经济活动及文化活动在一定空间上的集聚场所，以及由不断的物质、能源、信息交流形成的一个文化资源为主的人工、自然景观的共生体。作为城市有机生命组织，其自身具有强大的更新能力，因此城市综合体的景观空间越来越呈现功能化倾向。

（1）向城市空间开放的智能化功能景观设计

城市综合体的巨大规模提供了一种城市、交通、建筑一体化模式。城市综合体日渐成为人们日常交流与沟通的平台，体现出城市建筑更大的包容性与丰富性。在城市综合体开放性功能方面，上述因素是直接动因。城市综合体都位于城市交通较为发达的区域，拥有巨大的人流量，与城市公共交通平台相互衔接，这也需要城市综合体拥有与之相匹配的公共景观空间。首先，应该从城市规划的角度出发，在设计城市综合体环境景观时，建立好景观系统，并协调好它与城市环境体系之间的关系，建立具有合理性的开放景观的规模。其次，与城市多层次立体化交通体系关系进行建构，形成明确而连续的城市综合体开放空间脉络。最后，城市综合体空间环境在经过自组织后，将空间结构加以明确，并缩减非必需的空间阻隔，使城市综合体中的各种功能节点形成一个能够智慧联动的体系。在智慧城市中，城市综合体的景观设计尽可能实现智能化功能设计，这能为丰富城市景观系统提供多层次、多方面的支持，给人们带来更好的环境体验，而不仅是城市综合体建筑的美化性"点缀"。

（2）与环境智能连接的整体性功能景观设计

对于城市综合景观而言，不论从功能还是从结构的角度来看，它都具备整体性的特征。在城市综合体土地的利用与城市设施系统的联动，以及与城市绿地系统的完整性三个方面都体现了这种"整体性"。城市综合体的景观系统起着协调建筑与城市道路、绿地关系的作用，使各个部分形成统一的具有联动性的整体。在设计上必须充分考虑到与城市绿地系统连通的问题，从而使得整个城市绿地系统成为一种网络化系统，这样就可以有效解决之前的间断性和离散化问题。在这一过程中，景观设计发挥了重要作用。如果将城市综合体中的景观视作城市景观系统的大型斑块，那么这种斑块式的存在通过规划整体用地调控的方法，便可以形成完善的城市景观网络。设计者应将其作为城市整体用地的一部分考量，而不单作为综合体内部的空间来设计。那么模糊的边界与其自然化的状态都将成为优势所在，进而完善城市景观系统的各项功能，加强景观系统和其他用地的联系。

在城市的发展进程中，与城市相关的各项内容都已经深入城市肌理之中，包括城市文化、历史和科技等。通过城市肌理，人们可以看到一个城市的历史沉淀，也可以展现一个城市的发展特点和风格。因此，对于综合体而言，营造其环境景观就变得十分关键了。如果能够与城市肌理形成呼应关系，那么不但能保证综合体保持良好的整体性，还可以帮助综合体更好地融入城市这一大环境中，从而实现双赢。整体性设计决定了城市综合体在规划设计之初就明确了其与周边城市环境的关系，不但要将这种关系应用到城市景观的设计过程中，同时也要将这种关系应用到城市公共空间体系的设计过程中，这体现在其关注城市特色、重视城市肌理上。体量、尺度、比例是针对综合体建筑本身对城市景观产生积极影响的要素。除此之外，场地流线、周边环境、城市要素等才是更为重要的城市综合体环境营造动因，是一种协调特定区域环境文脉的做法，同时在环境设计过程中充分考虑其整体性后，可以使建筑外部空间设计达到更好的效果。这些因素都能够对城市空间环境造成较大的影响，如果还只是将关注的焦点停留在建筑体自身影响力这一方面，就会进入一个误区，这在智慧综合体的设计上是被摒弃的，同时也是对环境的嘲讽与不重视。对于智慧城市而言，设计综合体环境景观要优先选择城市发展历程这一视角，例如罗马尼亚科雷西广场综合体在设计之初就是基于整体性来展开思考的。

2.智能立体化设计研究

城市综合体本身就是一种复合化立体模式，智慧综合体的优势就在于将城市综合体的每个层级都纳入城市系统的联动层面，这个方面在综合体的环境景观中得到了充分体现。在有限的三维空间内，对于智慧综合体而言，其构建立体化景观模式的出发点是与城市公共空间基面联动的立体化组织，利用城市综合体景观建构为城市构建了一种具有"和谐"属性的城市景观系统。智慧综合体的立体化表现主要在于"绿化系统的智能立体化"与"景观空间的智能立体化"两个方面。

（1）营造出立体化景观的效果

这可以充分发挥界面的作用，比如建筑表皮等，使建筑表皮完全被覆盖在绿色植物之下，从而形成一种立体化的效果。这种立体化打破了水平面绿化的限制，在垂直面上打造可视性的景观系统。通常情况下，采用绿地率这一指标来衡量地面绿化效果，然而这一评价指标却无法衡量出立体化景观的真实效果。多视角、多层次的视觉景观形象早已打破了传统，为人们提供了更丰富的环境体验。

（2）利用建筑屋顶等场所营造交往与活动的立体化体验性场所

这也属于一种增加垂直绿化的方法，但是它具有更加丰富的层次性和空间感，比第一种立体化绿化体系具有更强的领域感和功能性，因为它能够为使用人群提供参与性，成为公共休憩场所。同时，这种公共休憩景观场所不但可以建立在屋顶上，同样也可以建立在公共休息平台上。在城市综合体中形成空中花园、空中景观廊道，增强人们在空中对绿化系统的体验性。

3.公共空间的智慧一体化设计研究

对于综合体而言，其内外公共活动空间之间存在一定的关系，有必要对这种关系进行系统和全面的分析处理。对于内部公共空间基面而言，不仅与综合体内部要素形成紧密联系，也与城市空间要素产生紧密的联系。正是因为存在这样的联系，才使得内部公共空间基面与城市公共空间之间存在一种关系，即前者是后者的延续，这也就意味着基面具备一定的延续性。对于综合体而言，它不仅具备开放性的特征，同时还具备智慧联动的一体化特征。

在总体景观规划上，首先要做的就是将原有的景观元素提炼出来，使景观设计能够融入城市的整体环境中；其次，还要从空间的角度来看，综合体公共景观空间还需要与周围空间形成一种协调的局面。从这里可以看到，综合体空间属于城市公共空间的范畴，与城市肌理也比较接近。通常情况下，高层建筑会给予公共空间一定的压迫感，因此为了使这种压迫感得到缓解甚至消失，最有效的方式就是对高楼屋顶进行装饰，使其看起来像庭院。最后还可通过绿色步道以串联方式将整个空间连接在一起，让综合体的每个部分都充满绿色，最终形成绿色的立体花园。处于综合体之中的人们可以感受到大自然的气息，这样就能够使城市景观更具特色，也在很大程度上方便了居民的生活和工作，为他们创造了良好的空间环境。

（1）景观空间的智慧化重构

与城市演进进行城市综合体景观空间的智慧化重构。对于"城市演进"这一概念而言，其具备抽象性的特征，主要通过新区这一方式来体现。所以从某种程度上看，城市演进类型就等同于新区类型。随着城市化进程的不断推进，为了杜绝单一中心聚集所带来的负面影响，城市类型逐渐朝复合型转变，呈现出开放和综合化的特征。除了主城区，城市其他部分都在以自身为中心逐渐成长和发展，最终形成具备多种功能的"新城"。从定性的角度来看，综合体和城市演进之间呈现的是一种"互动式智慧化重构"的关系。所谓互动，实际上指的是多个对象之间发生作用而引起变化的过程。但是这里赋予了"互动"明确的含义，即通过不同对象的相互作用，使这些对象逐渐发生"积极"变化的过程。

从空间上来分析，所谓城市更新即是调整城市用地空间存量，而城市演进即是重新布局城市用地空间增量，两者存在一定的差异。在城市的快速发展过程中，对于综合体而言，它与城市演进之间的互动越发频繁，最终促使城市空间增量布局和存量调整拥有高度的协调性，不论是从规模和内涵的角度来看，还是从时序组织和形态的角度来看，都是如此。也正是因为这种高度的协调性，在很大程度上推动了城市的持续发展。于是可以从这里得到启示，即互动在城市发展过程中具有十分重要的意义，通过互动不但可以做到良性循环，也可以实现优势互补，从而使得城市综合效益处于最佳状态。

（2）群组景观空间的网络化布局

城市综合体的景观空间对于城市景观的作用是有一定限度的。对于城市综合体的大量建造，它的作用更倾向于"作为微小的孢子嵌入城市培养基中能够激发市民对一种更为紧密的新城市生活的体验"，这样对于其他的智慧单元而言，它能够接收到综合体景观空间所带来的积极效应，形成较为完整的共生群组。这样，综合体系统就能对自组织机制做出反应，从而形成一种高效的城市景观空间结构，以达到影响城市的目的。城市综合体的景观特征呈现群组化，单一景观模式已经不复存在，替代它的则是综合群体。从用地方式的角度来看，它具有显著的联合开发特征，可以跨越街区的限制；从空间组织的角度来看，它充分利用了城市空间，有效连接了交通组织，从而形成一个网状系统。

（3）景观环境的持续化重塑

对于城市综合体而言，要想其外部形态能够得到可持续发展，关键在于要使空间与活动之间能够持续互动。在这一阶段，不但人类在进化，环境也在不断进化。要想综合体得到可持续发展，关键在于城市生态可持续发展。基于生态的角度来看，可以把城市综合体看成一个有机体，只是这个有机体相对比较复杂，同时还具备较强的新陈代谢能力。这个有机体是在自然生态的基础上所形成的，同时还融入了经济和社会这两个系统。这也就意味着城市这个有机体包含了这些系统，分别是自然、经济和社会。同时，假如从生态系统的角度去分析城市综合体，那么可以将其看成是由人工系统和自然系统所组成。从这里就可以看到，人工环境和自然环境存在非常紧密的依存关系。另外，综合体也可以被看成是人工改造和自然演化共同作用的结果，这也就决定了综合体的结构同时涵盖人工和自然两个因素。从结构过程的角度来看，动态性表明了城市综合体具备内在自调性的特征，开放性则体现了综合体外在关联性的特征。

可持续建筑已经得到了世界范围内的普遍关注，所以应该重新审视城市综合体的景观设计，使其不但能够帮助综合体构建出怡人的外部景观，而且可以将生态很好地融入建筑环境中。因此，要准确把握综合体的特点，同时在景观设计过程中充分考虑这些特点，从而使这两者能够较好地融合。另外，景观设计还要能将城市特色充分展现出来，包括人文环境特色、生态环境特色、自然环境特色等。从生态设计的角度来看，综合体要能够适应各种气候变化，使建筑抵抗气候变化的能力增强。将自然环境融入景观设计过程中，可以在一定程度上起到保护地域性生物多样性的作用，最终使综合体能够与自然环境和谐共处。这种城市综合体的景观营造理念越来越成为一种趋势，近年来，一些新建城市综合体都将可持续的景观设计理念作为其主要设计理念。

### （四）智慧综合体组成分析

#### 1.智慧政务

智慧政务作为智慧城市的关键一环，在城市智慧化的整体进程中发挥着重要作用。智慧政务以向全社会提供更为便捷、透明和全方位的政务服务为发展目标，以提升公共服务效率、改革政务管理机构为前提，将政务事项办理作为智慧政务发展计划落实的着力点。党和国家基于此提出了各项推进方案，力求加强各部门间的协同，实现真正高效、便捷、利民的智慧政务。

（1）聚焦政务服务对象的感受和体验

"互联网＋"智慧政务服务网始终要以人民的需求为设计源头，以服务对象操作方便性、服务便捷性、使用满意性为衡量标志，服务对象的获得感和幸福感是"互联网＋"智慧政务服务网的生命之源。"互联网＋"智慧政务服务网的特性是低频和刚需，生活服务产品的特点是高频和非刚需，以人的生命周期、生老病死、衣食住行为主线的民生领域，依次整合医疗服务、优化政务服务、拓展公共服务、提供便民服务信息，实现以人民群众的高频率、刚性需求服务吸引服务对象，以实用好用留住服务对象，以一站式服务打动服务对象，同时针对不同使用对象。

（2）构建服务开放平台，为提供集约化服务提供支撑能力

以县（区）政务服务中心、乡镇（街办）政务服务大厅和村（社区）政务服务室为硬件基础，构建县（区）、乡镇（街办）、村（社区）三级统一的"互联网＋"智慧政务服务网及其移动服务开放平台，为集约化服务提供支撑能力。基于组件化、模块化和微型化架构搭建三级统一的移动服务开放平台，提供服务授权、密钥授权、服务对象认证、OpenAPI等基础能力，同时对接人口数据库、法人数据库、位置服务等公共系统，支持服务接入单位原有的移动端应用程序快速接入，并支持基于平台快捷开发移动端应用程序。服务接入单位通过开放平台即可实现接入服务申请、注册、测试、审批等全流程自助管理。建设统一身份认证模块，并与省、市统一身份认证平台对接，提供统一服务对象注册、实名核验、

单点登录等功能，为企业、个人提供分级实名认证服务，满足各类服务应用系统共享统一身份认证的需求，真正实现一次认证、全网畅通。

（3）建设服务门户网站，提供与PC端统一的线上服务接口

建设统一的县（区）WAP移动服务门户网站，提供与PC端统一的线上服务接口。多途径、多方法打造集政务服务、公共服务、便民服务、政务资讯、政民互动为一体的统一移动服务门户：一是面向县（区）党政机关、企事业单位、人民团体等，全面梳理政务服务、公共服务、便民服务资源，对所有服务资源进行汇聚；二是运用爬虫技术采集县（区）"政府在线"等各政府网站信息，及时发布政务公开信息及热点资讯；三是接入智慧政务服务网上办事大厅及"政府在线"等各政府网站办事咨询、投诉建议、进度查询等功能，满足服务对象多样化服务需求。同时构建各部门、企业独立门户网站，满足各单位的个性化展示需求，提供特色功能与服务。

（4）实现"数据多跑路、群众少跑腿"目标

"互联网＋"智慧政务服务运用大数据技术分类融合数据资源，借助云计算挖掘和释放数据潜在价值，实现"数据多跑路、群众少跑腿"目标。在人口库、法人库、空间地理库、宏观经济库、征信库等基础数据库之间通过关键字段构建关联关系，实现数据交换和采集等数据处理无缝衔接。对内基于基础数据库的信用数据建立模型库和算法库，挖掘和释放数据潜在价值，让"数据多跑路"；对外优化行政服务流程、增强政务信息公开、拓宽互动交流渠道、实时效能监督等手段，实现"秒批"和"不见面审批"等高效政务服务，让"群众少跑腿"提速，驱动政务服务路径多元化和政务服务模式创新常态化。

（5）保障三级网络建设一盘棋、管理一体化

制定统一的"互联网＋"智慧政务服务数据标准规范，保障县（区）、乡镇（街办）、村（社区）三级网络建设一盘棋、管理一体化。制定统一的服务接入、数据接口和交互标准，制定统一的服务接入流程、服务安全要求和视觉设计规范，编制统一的接入指南，全面指导相关单位政务服务和社会公共服务事项接入与建设，保障县（区）三级网络建设一盘棋、管理一体化。

2.智慧办公

建筑智能技术高速发展，已经成为现代建筑的必要组成部分，并不断丰富延伸出新的内涵。

（1）核心技术

①RoMA数字集成智控平台

此平台可以解决不同设备信息无统一集成途径、数据格式多样难以集成传输等问题。实现服务集成、数据集成、设备集成、应用集成，以做到内部互联、内外互通。简单来说就是在感知层与应用层之间搭建一条数据传输的桥梁，集合每个单一应用、系统、设备信息孤岛，真正实现物理世界与数字世界的数据互联互通。利用云计算与自动控制技术，可以通过RoMA平台实现对底层子系统应用的自动控制。

②5G、Wi-Fi6通信技术

智能楼宇系统在正常运行中，需要实时采集、传输、应用大规模、多样化的数据，保障控制信号及时传递，减少延迟。那就必须同时解决数据规模庞大、数据格式多样、数据传输快速三方面的问题，因此对传输网络的要求极高。5G通信可以支持多种大数据的实时传输，与4G相比，5G的传输速度提升100倍以上，容量提升20倍，耗电每个比特下降10倍，体积也得到下降。建立5G专网，应用其在数据互通方面高传输、低延迟的绝对优势，可以实现物物之间数据的实时互联互通，保障控制信号及时传递。Wi-Fi6作为新一代无线网络标准，大量使用了5G技术，因此其系统容量提升了4倍，传输时延降低60%以上，同时加入了物联网扩展模块，可以与RFID、ZigBee等物联网类协议进行功能扩展，实现物联功能。应用在楼宇的办公区，作为办公设备、实物资产等数据信息传输的通道，可以自动控制窗帘、空调等，也可实现多用户同时进行4K超高清视频会议。

（2）主要功能

①人脸识别闸机

人脸识别技术以视频云为基础，通过云计算可以实现1.5 s内识别。扫描三维人脸数据信息，把所有数据存储到本地视频云，建立人脸识别库，通过云计算进行人脸匹配，杜绝二维照片替代。发现违规可实现物理声光报警，同时向智控平台发送报警信号。

②智能访客系统

受访人员通过手机客户端为访客填写申请，访客会受到一个带有链接的短信，点击链接进入网页版客户端，通过验证码进行手机验证，并按照提示自行录入人脸和车辆车牌信息。访客录入的信息会通过后台暂时存储到视频云中，在约定的时间范围内，访客可以通过车牌、人脸识别进入。访客离开后，存储在视频云中的访客车牌、人脸信息会自动消除。智能访客系统与人脸识别闸机之间真正建立起互联互动，把以前单一功能的闸机接入整个智能楼宇系统中，形成物联。

③智能资产管理系统

利用RFID技术对办公桌椅、设备设施打上资源标签，通过楼宇内安置的Wi-Fi6把所有资产信息传输到数据集成智控平台，可以实时查看资产使用状态，对所有资产进行数字化管理。一物一码，溯源追踪。实现从招标、采购、存储、领取、使用、报废、更新全流程数字化管理，提高资产管理效率。

④数字化办公空间

以Wi-Fi6为基础，连接室内空调、新风、灯光、窗帘等设备，通过平台中的设定，实现室内恒温、空气清新、人走电断等自动控制，满足降低能耗的要求。在数字化会议室中，一块屏幕可以实现视频会议、远程协作、白板书写、无线投屏四个功能，化繁为简，为协同办公提供便利。

（3）智能视频监控在智能楼宇中的发展机遇

随着社会不断进步，科学技术不断发展，现代化办公楼宇已成为一个进出人员复杂、人流量大的公共场所，因此发生突发性事件的概率也大大增加。特别是近年来大楼里的治安案件时有发生，甚至不法分子利用暴力手段进入大楼行凶行窃，威胁到楼内人员的生命财产安全。楼宇的治安与管理只单纯依靠物业服务人员很难满足用户要求，所以利用智能视频监控系统组成全方位防范系统是十分必要的。如有事件发生，物业服务人员会第一时间做出反应，既有利于楼宇的安全防范，又提高了楼宇的规范化管理水平。

智能商业楼宇的发展中，成本问题、安全问题与用户体验感是商业楼宇开发商与物业不得不考虑的重要问题。随着5G、云存储、物联网等新技术的发展，智能视频监控将摆脱传输信号不足、存储设备空间小、图像处理技术落后的制约，将人脸识别、行为识别、视频结构化等技术应用于商业楼宇中，提升商业楼宇对用户服务管理的同时降低运营成本。如无人值守的停车场、生物识别门禁、道闸等设备，将大幅降低人力成本；可视对讲管理系统与电梯控制系统做到访客和用户双向视频对讲，进一步保证用户的私密性与安全性；智能视频分析设备所提供的无感与便捷性，如无感考勤、门禁等，在提高楼宇智能化与科技感的同时，还提升了用户体验。智能视频监控技术与5G、大数据、物联网、云存储等新技术的融合发展，必将进一步提升视频监控技术的智能化，降低尖端技术的推广成本。总之，在智能商业楼宇谋求发展的未来，智能视频监控技术在楼宇的深度应用将是大势所趋。

（4）智能视频监控在智能楼宇中的深度应用

智能视频监控技术在商业楼宇的应用可表现在人、车、事等多个方面。单纯的人、物管理已不足以归为智能视频监控。

智能视频监控技术对于"人"的管理可表现在出入安全管理、门禁安全系统与智能考勤系统，做到"人"的留痕。在各个通道处部署智能视频控制系统，通过人脸识别技术，识别面部特征后自动打开通道，并记录进出时间与图片信息，在保证楼宇安全的同时，让内部人员快速通行。针对外来人员访问问题，可部署访客管理系统，智能视频分析前端自动识别、比对访客的人脸信息与身份信息，核对通过对访客放行，并记录访客信息与进出时间，做到访客记录的存储与查询。被访用户通过可视对讲允许访问后，监控管理系统可控制访客只能进入被访用户所在楼层，进一步约束访客的访问活动，保证用户隐私与安全。由于商业楼宇所具有的特点，员工的集中考勤问题是智能楼宇在人员管理方面的重点。在人员通行的通道处部署智能视频分析设备，通过快速采集比对人脸等生物信息，考勤结果可通过微信等形式通知员工，实现员工的无感考勤，提升商业楼宇的人员管控手段与用户体验感。

智能视频监控技术在无人值守停车场的应用前景十分广泛。智能视频监控设备可自动记录车辆通行时的视频信息，并识别分析车辆的车牌信息，根据系统中的内部车牌信息库比对结果，实现内部车辆自动通行，提升用户的服务体验。针对外来访客车辆，系统可识别放行并自动及时收费；访客车辆离开时可自助扫码付费，无须人工收费放行，节省人力成本的同时提升通行速度，并做到"车"的留痕。

（5）智能视频监控在智能楼宇中的应用前景与趋势

楼宇智能化的发展趋势有两个：一是控制系统的智能化；二是用户服务智能化。

楼宇控制系统需要做到建筑中所有设施和系统都能彼此影响并互相联系，智能视频监控技术则是数据共通联系的良好介质。例如视频监控系统可分析当下环境内是否有用户使用，如果无人使用，则控制系统可联动照明、关闭空调系统。

智能视频监控技术作为楼宇的"眼睛",让楼宇有自己的思想,达到楼宇智能化的目标。

用户服务智能化需要提升用户的舒适度与安全感,使用户更好地完成工作。例如基于当下的无人值守停车场,智能视频监控设备可做到车位看守,分析监控范围内是否有空闲车位,在用户和访客开车进入楼宇后,将其智能引导入一个空停车位。除人脸外,生物识别系统可通过语音、虹膜等识别方式进行门禁控制、考勤管理,减少时间浪费,提升用户的使用体验。

随着5G、物联网、大数据等技术的发展,智能视频监控在楼宇中的应用将向超高清、更智能的趋势发展。结构化、行为分析等深度智能技术将成为智能楼宇中的应用趋势,进一步提升楼宇内控制系统的智能化与用户体验的提升。

3.智慧节能与智慧环保

（1）太阳辐射采光

建筑朝向主要考虑光照与通风两方面的因素,也就是在冬季工况下可以接收到较多的太阳光照射,从而利用太阳的热能帮助达到人们日常所需的温度。

（2）风环境

建筑朝向还需要考虑风环境,良好的通风环境能够提高建筑的居住质量。适宜的通风环境就需要建筑选择最佳的朝向,能够最大限度地利用夏季的主导风向,使建筑具有良好的通风环境,同时尽量避开冬季的主导风向,防止建筑受到过多的冷风侵袭。所以对建筑朝向进行研究,应主要考虑分析夏季与冬季的主导风向。

4.智慧安防

随着物联网技术的发展,采用物联网组网的方法进行商场安防系统设计,将商场的各个位置进行联网监测,提高商业综合体的智慧安防控制能力,将成为主要发展方向。建立大型商业综合体智慧安防体系,在提高商业体的综合管理能力方面具有重要意义。

大型商业综合体智慧安防体系设计是建立在商业综合体的环境信息采集基础上的。采用物联网探测技术和无线传感网络技术,进行大型商业综合体智慧安防体系的组网设计,对大型商业综合体进行防火和防盗等安全监控,提高大型商业综合体的智慧安防性能具有极其重要的意义。通过ZigBee无线传感网络,将大型商业综合体的传感器数据传送给ARM服务器,接着通过AD模块实现数模转换，最后通过热传感器、声传感器、压力传感器等，实现热传感器、声传感器、压力传感器体系的构建。在商业综合体智慧安防体系构建时，对各传感器的状态进行综合控制，结合总线传输方法进行安防体系的信息采集和融合处理，通过无线网络实现商业综合体的防盗报警和火灾报警。

5.智慧停车场

国内汽车行业发展突飞猛进，汽车保有量呈逐年递增的趋势，而车位缺口越来越大，停车困难程度日趋严峻。然而，新建的城市综合体停车场规模巨大，造成车主找车难，停车场内没做车位引导，车主须耗费很多时间来找车位。同时，传统停车场出入口需要收取卡，等待时间长且通行速度慢，收费标准不统一，财务不清晰。基于停车场存在的种种问题，全视频智慧停车解决方案不仅让车主拥有了快速通行出入口、迅速找到停车位、快捷缴费的高端体验，还为车主提供了安全、舒适的停车环境。停车场的信息化与智能化为物业公司的管理带来了便利，提升了运营管理效率，提高了停车场的使用率和经济效益，降低了管理人员成本。

# 第二节　智慧城市的实践运用之智慧物流与智慧绿道

## 一、智慧城市的实践运用——智慧物流

智慧物流（Intelligent Logistics System，ILS）是指通过智能软硬件、物联网、大数据等智慧化技术手段，实现物流各环节精细化、动态化、可视化管理，提高物流系统智能化分析决策和自动化操作执行能力，提升物流运作效率的现代化物流模式。

### （一）物流平台搭建

物流公共信息平台是指基于计算机通信网络技术，提供物流信息、技术、设备等资源共享服务的信息平台。具有整合供应链各环节物流信息、物流监管、物流技术和设备等资源，面向社会用户提供信息服务、管理服务、技术服务和交易服务的基本特征。

物流公共信息平台包括以下三方面的内涵：物流电子政务平台，用于政府监管和服务的职能，电子口岸即属于此类；物流电子商务平台，用于供应链一体化网上商业活动；电子物流平台，用于物流运输全过程实时监控管理。

基于互联网信息技术的智慧物流，使得物流产业链高度自动化、智能化。物流产业链通过技术手段实现智能运输、自动仓储、智能配送等业务模式的发展，实现业务模式之中的信息共享，提升了物流业务的处理效率。基于大数据的智慧物流，可以有效整合内外的物流数据，使得物流企业可以提供一体式的物流服务，同时通过运输线路的追踪、货物进出货数量等方面的数据，实现运输管理过程的可视化和数据管控。

基于大数据的智慧物流，改变了物流企业的业务模式，产生了智能包装、智能装卸、智能搬运等方面业务。智能包装主要是指系统根据货物的状态属性和客户的需求，进而选择最佳的包装容器对物品进行包装，从而降低包装费用和提升包装效率。智能装卸是通过合理运用运输机、装卸机等设备，实现装卸路径的优化配置，从而提升了效率。

## （二）智慧物流的优势

### 1.降低物流成本，提高企业利润

智慧物流能大大降低制造业、物流业等各行业的成本，真正提高企业的利润，生产商、批发商、零售商三方通过智慧物流相互协作、信息共享，物流企业便能更节省成本。其关键技术诸如物体标志及标志追踪、无线定位等新型信息技术的应用，能够有效实现物流的智能调度管理，整合物流核心业务流程，加强物流管理的合理化，降低物流消耗，从而降低物流成本，减少流通费用，增加利润。

### 2.加速物流产业的发展，成为物流业的信息技术支撑

智慧物流的建设将加速当地物流产业的发展，集仓储、运输、配送、信息服务等多功能于一体，打破行业限制，协调部门利益，实现集约化高效经营，优化社会物流资源配置。同时，将物流企业整合在一起，将过去分散于多处的物流资源进行集中处理，发挥整体优势和规模优势，实现传统物流企业的现代化、专业化和互补性。此外，这些企业还可以通过共享基础设施、配套服务和信息，降低运营成本和费用支出，获得规模效益。实现物流技术更新换代，物流技术的更

新换代是物流行业发展的重要保障，也是区分传统物流和现代物流的一个重要标志。先进技术取代落后技术是社会发展的必然结果，也符合现代信息化和智能化物流技术发展的必然趋势。一般而言，物流技术主要由以下两部分组成：一是由仓内技术、干线技术、最后一公里技术和末端技术构成的传统技术要素；二是由物联网、大数据、云计算、人工智能和区块链构成的新兴技术要素。从我国物流行业发展的趋势来看，关于物流技术的应用体现为以下三个特点：一是仓储、运输、装卸、分拣、包装等技术已经得到了广泛应用；二是条码、射频识别、电子数据交换、全球定位、地理信息等信息技术正在大力推广；三是叉车、托盘、货架、料箱、自动拣选、自动识别等传统技术需要换代。在物流技术的应用层面，智慧物流的上述五个关键技术在感知、规整、分析、决策、支持、修复和反馈等方面具有明显的优势，不仅能够加速传统技术的更新换代，而且能够与推广技术协同应用，以实现新老技术的衔接。

3.为企业生产、采购和销售系统的智能融合打基础

随着RFID技术与传感器网络的普及，物与物的互联互通将给企业的物流系统、生产系统、采购系统与销售系统的智能融合打下基础，而网络的融合必将产生智慧生产与智慧供应链的融合，企业物流完全智慧地融入企业经营之中，打破了工序、流程界限，从而打造出智慧企业。

4.使消费者节约成本，轻松、放心购物

智慧物流通过提供货物源头自助查询和跟踪等多种服务，尤其是对食品类货物的源头查询，能够让消费者买得放心、吃得放心，再增加消费者的购买信心，同时促进消费，最终对整体市场产生良性影响。

5.提高政府部门工作效率，有助于政治体制改革

智慧物流在全方位、全程监管食品的生产、运输、销售，大大节省相关政府部门工作压力的同时，也使监管更彻底、更透明。通过计算机和网络的应用，政府部门的工作效率将大大提高，有助于我国政治体制的改革，精简政府机构，裁汰冗员，从而削减政府开支。

6.促进当地经济进一步发展，提升综合竞争力

智慧物流集多种服务功能于一体，体现了现代经济运作特点的需求，即强调信息流与物质流快速、高效、通畅地运转，从而降低社会成本，提高生产效率，整合社会资源。

### （三）智慧物流背景下的物流服务能力发展对策

1.建设物流人才队伍，增强人才履职能力

应在加大物流人才培养力度的同时，为物流人才提供生活和工作保障。在高质量发展背景和"新物流"发展趋势下，物流人才尤其是专业人才和高级管理人才、高级技术人才的缺失，会影响城市物流行业效率水平、降低智慧物流发展速度。了解和掌握物流运作体系、物流管理体系，熟知供应链运作流程和智慧物流发展机制的物流人才对城市物流智能化水平和综合服务能力的提升具有重要意义。根据长风职业教育研究院的调查和统计报告，我国平均每年增加180万人的物流工作岗位需求，同时物流专业从业工作人员以每年6.2%的速度增长，物流市场广阔，但是我国高校培养的物流专业人才、第三方物流专业培训机构培养的人才和物流公共实训基地培养的物流专业人才平均每年低于50万，物流人力资源供给远小于需求。物流人才培养需要从管理和技术两个视角，以及基层、中层、高层三个层面同时展开，并且需要国家、政府、社会、高校等共同努力、协调配合，提升物流人员队伍的整体工作技能，尤其是对物流前沿信息的获取和利用能力，提高城市物流智慧化水平。例如建立高等院校—社会培训机构—企业合作链条，提供理论实践课堂，为企业培养高级物流人才；搭建高职院校—社会实训机构—企业合作链条，同时提供实训基地，增加学生实践经验，培养物流高级技术人才；结合国内外物流发展最新资讯，以实际工作中遇到的问题作为案例，为在职物流人员提供深入分析和讨论机会；提高企业物流自动化水平，利用现代信息技术代替手工操作，简化货物订购和追踪、生成报告和发票等操作流程，提高企业物流智能化水平。

2.增加物流运力供给，提升城市配送实力

完善城市物流基础设施建设的同时加强信息技术应用。城市配送能力是体现城市物流发展状况和水平的指标，在提升城市物流运作效率和竞争力，以及完善城市物流管理水平等方面发挥着重要作用。通过完善物流基础设施建设、加强信息技术在城市物流中的应用水平、规范物流市场秩序等方面提高城市配送能力，对于城市物流综合服务能力的提升具有举足轻重的作用。

一方面，完善城市物流基础设施，构建面向全国的物流网络体系，打造以物流园区为背景的物流基础设施互联互通体系，通过物流园区的信息平台，借助信息手段智能化解决城市物流难题、扩大物流业规模、形成物流网络体系，进而提升城市物流综合服务能力。在城市物流设施一体化建设过程中，从宏观层面构建城市物流基础设施系统，同时加强信息技术应用，升级物流业平台体系、链条体系、数字化水平、物流运作模式，以此加强智慧物流在城市物流体系中的应用，实现物流业数字化和智能化发展。

另一方面，加强现代信息技术在城市物流系统中的应用，利用大数据的增长率高和特性多变的特点，在物流系统中进行数字、图形、文字、视频等信息交互，创造物流价值，提高物流系统智能化和数字化水平；利用云计算储存和处理信息功能，提升物流网络系统运行效率和智能化水平；在仓储过程中运用机器人和人工智能技术，提高仓储智能执行能力，实现仓库智能化管理。

3.提高信息技术应用水平，优化交通运输系统

完善现代化交通运输网络的同时提高道路通行和车辆运载能力。随着物流运输总量不断增加，对城市交通系统提出了更高要求，如提高物流末端配送灵活性、提高物流市场能力、提高客户满意度，因此，建立货运运输通畅的智能交通运输网络体系、提高城市道路通行能力和运载水平至关重要。

一方面，完善现代化智能交通运输网络系统，提高交通智能化水平，通过整合城市交通资源、发挥不同交通运输方式优势、加强现代信息系统方法和技术应用，构建协调通畅的智能化城市综合交通运输网络体系。公路方面构建纵横贯通路线，实现城市间互联互通，提高城市枢纽能力；铁路方面增加货运专线建设，实现客货运输分离；水运方面提高航道通航等级和港口运输能力；航运方面增加航线总量，打造综合性机场枢纽；另一方面，提高城市道路通行能力和车辆运载能力，衡量不同交通运输方式通行能力的方法各不相同，但都可以用"交通容量"表示，即单位时间内通过的车辆、火车、船舶、飞机的数量，交通容量越高，道路可容纳车辆越多，配送效率随之提高；单个车辆运载能力提升，则降低物流企业所需配送车辆的数量。可见，提高道路通行能力和物流企业车辆运载能力对促进城市物流能力提升意义重大。因此，在道路设计初期应考虑通行能力和交通运行质量，充分利用人工智能、自动控制等技术设计出合理交通量；道路运行过程中，考虑实际交通运行状况，及时对道路进行修正，提高城市智能交通系统感知、预测和分析能力；在对车辆运载能力进行选择时，考虑运输成本和顾客等待成本，实现经济的集配规模。

4.完善物流政策环境，确保物流市场稳定

完善物流政策环境的同时提高对物流政策细节的把控。我国物流业的发展离不开物流政策的引导和推动，政策颁布一方面要从完善物流政策环境出发，契合我国物流业发展现状和实际；另一方面要从政策执行入手，提高对物流政策落地细节把控。

提高物流政策执行细节把控力度。地区在宏观物流政策指引下，应结合当地物流业特色，从资金投入、物流品牌建设、智慧物流标准化等方面对物流业发展提供具体详细的政策支持。在今后政策扶持中，地方政府不仅要紧跟国家政策方向，更要把控政策细节精准执行，提升物流业发展标准化、智慧物流服务能力、物流服务水平的深度和广度。

5.促进区域协同合作，提高物流服务水平

区域经济发展水平的提升和区域产业结构布局的优化影响区域物流发展，对物流人才吸引、城市配送能力、城市交通能力、物流园区建设的发展具有带动和支撑作用，促进城市物流综合服务能力的提升，同时，物流发展水平推动和促进区域经济发展。提升城市周边区域整体发展水平，例如均衡产业结构，三产业间协调发展。一方面，调整产业结构，增加区域人力资源供给，提高劳动力质量，为失业人员提供不同技术难度的岗位；另一方面，利用知识创新、技术创新推动区域经济增长，衍生新的产业结构、新的产业部门，将新科学技术向不同产业渗透，推动区域持续发展。

## （四）智慧物流发展趋势

1.平台化升级

智慧物流体系将由原来资源主导、技术主导转换为平台主导。早期当物流服务供给不足时，掌握运力、线路等生产资源的企业是供应链的核心。随着技术的进步，供应链核心逐步转向技术更为先进、生产效率更高的企业，移动化和数据化把平台经济提升到了前所未有的新高度。互联网平台通过业务在线化和数据挖掘促进供需双方精确匹配，提高效率，同时改进供需信息不对称等问题，平台经济由此产生，而专业化企业依托平台直接可以和用户发生高效率的联系。

2.短链化升级

在大数据、区块链技术支撑下，物流企业能够直接获取客户的信息，从沉寂的大数据里找到企业存在的真正价值。实际上，最终产品的使用者和消耗者才是真正的客户，其他的都是中间商或者都属于供给侧。随着消费者需求场景越来越即时化、碎片化，产业端应建立起一套灵活的物流和供应链体系来应对这样的趋势。以往多层分销的渠道模式必须改变，以使供应链短链化，能够快速精准地把握消费者的需求，做到灵活调整和快速反应。

### 3. 无界化升级

智慧物流将以无界的方式嵌入生产、流通、消费的各个环节，使用户实现所想即所得。万物互联、超级机器人仓、智慧物流小镇、智慧物流大脑等科技的发展，将改变智慧物流的发展模式。消费者越来越注重自身个性的表达，在消费的过程中甚至希望参与到产品的设计和生产过程，在更加多元、即时、分散的场景下实现购买活动。为适应场景多元化，物流服务不仅要覆盖生活中所有的场景，为消费者提供小批量、订制化的生产和供应体系，还要求物流服务商的网络能够垂直贯通线上线下渠道、生产商与终端消费者，能够承接仓储、运输、配送等一体化的服务需求业务。

### 4. 连接升级

新一代的信息技术，如物联网、云计算和大数据，有望在未来5～10年内成熟。物流职员、装备和货物将全面连接到互联网，呈指数级增长趋势，形成全面覆盖和广泛连接的物联网。

### 5. 数据升级

通过数据连接的实现和手持终端的传播，物流数据将被全面收集、记录、传输和分析。

### 6. 模式升级

随着众包的兴起，分工协作的新方式得到了普及，改变了传统的分工体系，企业经营模式和工作流程也得到转变，"创新驱动"将成为智慧物流发展的动力。

### 7. 体验升级

预测未来信息技术发展到一定程度，可以实现准确预测消费者的喜好，每一位个性化的需求都能得到最大限度的满足，让消费者的体验感受与幸福指数达到最大化，"体验经济"将进一步创造智能物流的价值。

### 8. 智能升级

随着人工智能技术的完善，我们预测未来机器人将在众多岗位上取代人工。

不久的将来，物流机器人的使用率将明显提高，可达到每万人5台，这是对传统物流的创新改变，"智能革命"改变智慧物流格局。

9.供应链升级

智慧物流将利用其贴近用户的优势，推动互联网覆盖产业链上下游，深化产业链各环节与用户需求的融合，助力加快形成"合作共享"生态系统。

10.绿色升级

智慧物流的任务是将社会闲置资源充分利用起来，拒绝浪费，降低能耗，全面普及绿色包装、绿色存储、绿色配送。这些措施符合绿色环保和健康可持续发展的要求。

（1）智慧物流产业发展的必要条件

一是先进技术是智慧物流的保障。大数据、云计算、互联网与移动互联网是智慧物流的中枢系统和大脑，物联网技术、物流技术装备是智慧物流的基础。要实现智慧物流的感知规整智慧、决策分析智慧和系统执行智慧，必须应用以互联网、大数据、云计算、人工智能等为代表的先进技术。二是物流体系是智慧物流的基础。智慧物流是集物流、信息流、资金流、业务流为一体的现代物流系统。现代物流系统提供配套的物流运作和管理。如果没有良好的物流运作和管理水平，单靠发展物流信息化，不仅不能降本增效，反而会适得其反。拥有完善的现代物流体系，才能实现智慧物流的系统智慧，发挥协同效应。三是有效融合是智慧物流的核心。先进技术与现代物流体系的有效融合，可能促使新的应用技术产生，甚至重塑现代物流体系框架，促进社会生产力的发展。

（2）智慧物流产业发展创新的关键内容是建立高效便捷、协同共享的智慧物流与供应链产业可持续发展的生态圈

一是推进物流各环节的智慧化。依托大数据分析和云计算，推进包括智慧车货匹配、智慧仓储配送、智慧运力优化、智慧供应管理等物流新模式的应用研究及推广。二是鼓励企业探索新的物流服务模式。三是推动"互联网＋物流"在龙头企业中的应用，成立技术创新联盟。以构建示范智慧物流城市、示范智慧物流园区和龙头智慧物流企业三大工程为载体，以智慧物流技术发展驱动产业发展路径创新，支持一批智慧型物流信息服务平台企业做大做强。

（3）智慧物流是物联网技术运用于物流领域所产生的一种新型物流业态，智慧物流的发展对物联网产业发展提出更高要求

笔者通过对国内外智慧物流发展状况、发展模式创新及制约因素的分析，提

出发展智慧物流产业发展模式创新的初步对策。在"一带一路"倡议的引领下，我国的智慧物流发展还存在管理体制不健全、物流专业人才不足、信息平台不完善、信息技术落后等诸多问题。笔者对这些问题提出整体性的、可行的解决方案，还期待更多的专家、学者和企业家协同，做更深入的系统探索和实践。

## 二、智慧城市的实践运用——智慧绿道

绿道是一种线形绿色开敞空间，通常沿着河滨、溪谷、山脊、风景道路等自然和人工廊道建立，内设可供行人和骑车者进入的景观游憩线路，连接主要的公园、自然保护区、风景名胜区、历史古迹和城乡居住区等，有利于更好地保护和利用自然、历史文化资源，并为居民提供充足的游憩和交往空间。绿道从乡村深入城市中心区，有机串联各类有价值的自然和人文资源，兼具生态、社会、经济、文化等多种功能。绿道建设基本不需要占用建设用地指标，具有投资少、见效快的特点，符合建设低碳城市的发展需要。绿道的建设既有利于保护生态环境，又能促进经济发展，符合人类社会的可持续发展方向，具有可持续性。

数字解决方案能够满足文化、体育、景区、商业、农业五个方面的服务和管理需要，同时服务游客、服务市民、服务商家、服务政府。绿道经由数字化、智能化改造后，又被称为"智慧绿道"。

智慧绿道搭载了许多显性或者隐形的"黑科技"。比如以绿道为载体，矗立着许多"智慧路灯"，路灯联网化后出现了"多杆合一"的趋势，集通信、充电桩、LED信息发布屏、高清摄像头、应急报警、环境感知、城市广播等功能于一身。5G商用之后，5G微基站将与智慧灯杆进一步结合，通信功能会更加突出，对政府政务及民生服务的帮助效果也更明显。

### （一）智慧绿道建设意义、特征和目标

1.智慧绿道建设意义

智慧绿道项目建设后，对于进一步落实"公交优先"战略，有效缓解城市交通问题，推进节能减排、保护生态环境、倡导绿色出行方式，促进产业向循环化、低碳化、生态化转型，以及建设一流的城市都具有十分重要的意义。智慧绿道项目作为打造政府民生工程的重大举措，将提高城市的美誉度和提升市民的幸福指数。

（1）城市的生态防线保卫者

城市系统作为脆弱的人造系统，缺乏自然生态系统那种强大的自我净化、自我调节功能。在城市规模快速扩容的当下，城市逐渐拉大了与自然环境接触的距离，支离破碎的绿化地块使得城市系统独立存在于自然空间中，引起一系列比如城市热岛、城市雾霾、城市洪涝等现实性的城市问题。加大城市绿道系统的规划建设力度，让城市融入自然，是有效解决当前城市生态矛盾的有力举措，更是弥补城市系统脆弱性的生态防线之一。

智慧绿道的出现弥补了传统公共交通工具"最后一公里"的缺陷，而且由于其体积小、行驶方便等特点，也避免了小汽车堵车和停车难的烦恼，节约了城市道路空间，成为发展城市公共交通系统、缓解道路交通压力的良好补充。智慧绿道提升了城市公共交通质量，提高了居民出行满意度，建立了更加完善、和谐、智能化的公交微循环网络。公共自行车是零排放的交通工具，智慧绿道系统的建设可有效缓解城市交通压力，降低有害气体的排放，改善环境质量，打造"低碳城市"。智慧绿道也推动了低碳经济的发展，提高了资源利用效率和人们的生活质量，提升了城市的绿色竞争力。

（2）人居活动的有效载体

自然环境是人们净化心灵、呼吸新鲜空气的天然氧吧。城市绿道作为城市的自然环境，应承担起城市居民日常的人居环境需求。让城市绿道成为城市居民工作之余放松心情、健身娱乐、谈笑人生、老年活动、共享生活的露天慢生活乐园。因此，城市绿道建设是城市人居环境的重要组成部分，是城市居民放慢生活、享受生活的主要场所，也是共享城市建设的必要一环。

城市物质空间的分化会导致城市居民不同收入阶层和不同文化背景群体的分布空间也形成分化。以不同收入阶层的空间分布为例，由于中心城区日益严重的交通拥堵和环境污染问题，城市化初期同心圆的分布格局正在逐步被打破和分化。城市的富裕阶层追求更高的生活品质，中低收入阶层追求更好的就业机会，各个阶层开始各取所需，在碎片化的城市中向着更能满足自己需求的空间聚集。在这个过程中，环境质量好的区域，土地价值变得更高。在市场经济的调节下，越来越多支付得起高房价的富裕阶层向着拥有城市绿地的区域聚集，传统城市绿地服务半径的理念在市场需求的制约下变得越来越不公平。于是，避免富裕阶层独占城市绿色开放空间资源、为城市的各个阶层提供更加平等的户外活动机会，则成为城市绿色开放空间改革调整的方向。

（3）丰富的体验性及商业运营价值

后工业社会时期对城市发展生态环境质量的要求更高。对城市居民来说，城市不仅是谋生的场所，更是生活的空间。因此，关注并提升城市中人的生存环境条件和生活幸福感，建设资源节约和环境友好型的城市环境是城市发展的重要方向。城市发展过程中，影响土地价值的已不仅是区位和交通等传统因素，投资者和居住者往往会看重土地本身及其周边的环境质量，关注是否能够便捷地享用城市绿地空间。

智慧绿道的建设使人们随时都可以更方便地体验绿道风景，无须担心没有交通工具的烦恼。通过手机应用、绿道服务站的建设，绿道提供的服务更加多样，其体验性大大增强。绿道在吸引更多人参与绿道游玩的同时，其商业价值也将逐渐放大，如广告投放和周边产业链的相关整合等，这些都将为绿道提供可观的商业利润。

（4）城市品牌的最佳展示窗口之一

智慧绿道以公益性为导向，结合服务社会、方便游客、提升城市生活品质等特点于一体，是重要的城市民生工程，也是广大市民短途出行、业余健身、休闲观光的时尚选择。智慧绿道服务网点作为展示城市形象的良好窗口，传承城市美学，统一、美观、整齐的自行车棚有利于改善自行车乱停乱放问题，有助于改善街容市貌和提升城市品位。

在知识型社会中，城市居民获取知识的意愿更加强烈，而新兴的信息技术也使得居民随时随地获取知识成为可能。居民已不满足于在城市公共空间中进行简单的游憩观赏等活动，更渴望在户外空间里和自然环境中获取一定的生态环境知识、历史人文知识、动植物知识、劳作技能知识及艺术鉴赏知识等。这一方面是城市居民渴望更了解城市环境、参与城市空间改造、增强城市主人翁意识的表现；另一方面则是由于人们生态环境意识的觉醒，以及历史人文需求更多地被激发出来。这对于青少年和儿童，以及希望从事相关岗位工作的人来说尤为重要，城市公共空间将成为青少年和儿童获取相关知识的户外课堂，有利于更全面地提升他们的个人素质；而希望从事如景区服务工作却缺乏相关技能的人，也可以方便地学习这方面的知识，从而提高他们获取相关工作岗位的机会。

（5）节能减排、绿色低碳城市的引擎

城市在为人们提供便利生活的同时也面临城市环境污染、生态破坏等诸多问题，如工厂、汽车尾气、家庭炉灶造成的大气污染不断加剧，城市人口不断膨胀导致各种城市环境问题，如交通拥挤、住房紧张、绿化面积减少等；生产生活造成的水体污染、固体废弃物的污染，以及光污染、噪声污染、室内装修污染、辐射污染等城市化建设带来的环境问题更是日益增多。

2.智慧绿道建设特征

虽然城市绿道系统规划建设会因城市性质、功能布局、山水格局、城市交通等因素的不同而不同，但城市绿道建设也有它共性的流程与特征应遵循。探索属于多规合一、大城市管理数据、智慧城市等先进理念和技术引领的城市绿道系统的时代性流程与特征，是有机更新城市人居环境的前提条件和专业使命。

（1）城市绿道系统规划的图底——综合流线整合

"流线"是城市活力与命脉的载体。城市绿道作为城市营造活力环境和疏通城市命脉的生命系统，其在规划、设计环节应当以流线分析为主线，以流线系统为绿道系统的基础基底。在城市绿道系统规划设计中，遵从城市绿道系统的流线性特征，是把握城市绿道系统规划建设整体图底的关键。运用新时代技术对城市各类流线进行研究总结，拼贴出城市综合流线图底，再结合城市现状和未来整体规划格局，取舍精简城市综合流线网，形成吻合城市肌理发展轨迹的生态、人居城市绿道系统，就是城市绿道图底成形的具体路径。

（2）城市绿道系统建设的脉络——山水风景视廊

城市绿道系统的建设要追本溯源。城市绿道作为城市的人造自然环境，应与城市周边的山水风景等纯自然环境相联系，让城市绿道系统不仅成为城市的绿肺，也成为城市整体空间景观视廊的通道。遵从城市绿道系统建设的脉络关系，借景城市及周边的山水风趣，是城市建设响应"绿水青山就是金山银山"生态观建设的具体方针，也是城市打造"看得见山、望得见水、记得住乡愁"山水城市容貌的科学路径。

（3）城市绿道系统建设的标准——智慧信息服务

在智慧城市建设的大背景下，城市绿道系统作为城市人居环境的重要组成部分，其从规划—设计—建设—使用的整个过程都应坚持智慧化标准。具体来说，城市绿道系统的智慧性主要体现在以下两个层面：第一，规划设计层面，在规划设计上借助大数据、云计算等智慧化平台，更加科学、合理地确定城市绿道系统的范围和走向，从而增强城市绿道系统的人气活跃值；第二，建设使用层面，城市绿道系统的建设在服务设施和监管设备上应当智慧化，比如健身设施、娱乐设施、非机动交通设施、出入口管理等方面。

（4）城市绿道系统服务的核心——社区活动中心

城市绿道所赋予的慢生活节奏不应仅仅停留在城市公园、广场、湖泊水岸等，而是需要深入延展到城市发展最需要的社区活动中心。将社区活动中心作为城市绿道系统的生命细胞单元，让城市的生活从百千个社区中心开始放慢，自此延续至城市的繁华街巷、绚丽景点、水岸码头。如果把城市绿道系统当成一棵大树，那么城市的山水格局就是其根系，城市的各种流线就是大树的枝干，城市景点与社区活动中心自然就是装饰大树的叶片。因此，在绿道系统规划中渗入城市社区活动中心的单元属性，是城市居民真正放慢生活的人本之举。

（5）城市绿道系统穿织的工具——慢性交通系统

城市绿道系统的服务本体是城市居民，而城市绿道系统的形成逻辑是城市流线的组合。因此，要想让城市绿道系统充分发挥其流线性，就少不了用一种工具去穿织，这就是慢性交通系统。在城市绿道系统的规划设计中植入集步行系统、自行车系统、绿色能源电动车系统等为一体的综合慢性交通系统，是活化城市绿道系统生活价值的增效剂，更是营造智慧城市人居环境氛围的技术创新。

（6）城市绿道系统的复合功能——人居海绵空间

城市绿道系统不是单一的城市子系统，而是集城市居民健身活动、骑行漫谈、避暑纳凉、生态渗透等需求于一体的综合型人居海绵空间，是城市系统中丰富居民户外活动行为的生态功能复合体。在城市绿道系统规划建设程序中叠合生态城市、海绵城市、和谐城市、智慧城市、双修城市、文明城市等先进思想理念，是打造新时代城市绿道衬托下的城市人居环境和城市海绵空间的支撑性措施，更是充分发挥城市绿道系统复合性功能的经济策略。

3.智慧绿道建设目标

为了适应绿道的发展要求，满足绿道在区域内的建设需求，统一绿道设计技术标准，指导绿道规划建设后续工作有序展开，引导绿道工程高标准高质量完成：应努力实现打造引领城市绿色休闲生活、与城乡建设同步发展的景区休闲廊道；努力实现区域的景观系统、游憩线路与趣味化的节点系统一体化，争取与地方景区景观资源互动；努力实现线路多样化、设施生活化、细部精细化的目标与特色。智慧绿道从绿色环保出发，迎合当前社会绿色、节能、减排的大方向和主题，普及推广能源资源节约、生态环境保护知识，开展经常性的绿色文明城市建设宣传教育，引导市民树立绿色消费、环保生活观念，培育创造美好城市生活社会文化氛围。智慧绿道的主要研究目标如下：

（1）适应绿道的发展要求，在绿道驿站、沿途及特定区域范围内建设智慧绿道服务站。智慧绿道服务站通过自助触摸屏终端设备为绿道游客及周边居民提供生活及导航服务。同时，在绿道服务站可进行公共自行车租赁服务，游客可通过城市公交卡在绿道服务站进行公共自行车的租赁，采用免费或者象征性收费的方式进行使用。绿道服务站可无人值守，在任意绿道服务站可实现公共自行车的自助通租通还。

（2）建设智慧绿道门户网站，实现公共资源信息化整合与发布。居民可通过门户网站获取绿道轨迹、服务站分布及周边信息，门户网站还可提供多样化的绿道游玩指南。为进行信息指引和广告发布，完善扩大绿道周边服务产业链，提升绿道附加产值。同时还可通过互联网信息化手段树立智慧绿道的良好形象，提高城市知名度，进而增强城市综合竞争力。

（3）通过智慧绿道手机应用，为居民提供更便捷、实时和全面的绿道服务。随着智能手机的普及，几乎人人都有一部自己的智能手机。手机除了作为通信工具之外，还为人们提供信息获取、个人娱乐生活服务。居民或游客可通过手机进行智慧绿道手机客户端的下载，随时随地查询和了解周边绿道及服务站信息，获取绿道周边生活服务和文体娱乐资讯，寻求更便捷的服务。居民还可通过智慧绿道手机应用进行绿道服务站可租赁公共自行车信息的查询，以及游玩路线的制定等。

（4）完善城市公共交通体系，倡导绿色出行方式。绿道公共自行车服务不仅可用于绿道的游玩体验服务，还将是完善城市公共交通体系的重要一环，为居民出行、城市短途交通提供便利；降低居民的出行成本，提高道路资源利用率，缓解道路交通拥堵，辅助建立完善智能化的公交微循环网络。

## （二）智慧绿道系统架构及系统功能

### 1.系统架构

#### （1）基础设施层

基础设施层也叫感知层，是智慧绿道对现实世界进行感知、识别和信息采集的基础性物理网络。基础设施层的主要功能是识别物体与采集信息，为智慧绿道后续的信息处理和相应决策行为提供海量、精准的数据信息支撑。基础设施层包括智慧绿道基础设施建设，如公共自行车和监控摄像机；同时还有服务站建设所需的智能设备，如集中控制器、自助服务机、停车锁止器和管理员所用手持机。基础设施层作为底层应用的终端设备，负责感知外界信息并获取系统交互的数据。

#### （2）平台层

平台层面向系统运行环境中的应用提供在开发、测试和运行过程中所需的基础服务，包括Web和应用服务器、消息服务器，以及管理支撑服务，如应用部署、应用性能管理、安全策略管理等。平台层位于基础设施层与业务层之间，它利用基础设施层的能力，面向上层应用提供通用的服务和能力。平台层所提供的服务是在云计算环境中开发、测试、运行和管理应用服务所需的基本功能。

#### （3）业务层

业务层是本项目直接面向用户的主要功能，用户包括管理员和系统使用者。管理员通过管理系统登录，对系统进行操作管理。系统使用者通过门户网站和手机客户端访问系统，获取服务。

#### （4）系统交互层

系统交互层指用户和系统进行操作访问的工具，包括计算机、智能手机、手持机及自助服务机。系统管理员主要通过计算机、手持机及自助服务机对系统进行维护管理。用户则通过手机、计算机等工具获取相应服务。

### 2.系统功能

#### （1）门户网站

现在网络的发展已呈现商业化、全民化、全球化的趋势。目前，几乎世界上所有的企事业单位都在利用网络传递信息、提供服务，甚至办公和销售。网络已成为企业进行竞争的战略手段。企业经营的多元化拓展、企业规模的进一步扩大对企业的管理、业务扩展、企业品牌形象等提出了更高的要求。在以信息技术为支撑的新经济条件下，越来越多的企业利用起网络这个有效工具。

网站则为企业提供了一个展示自己的舞台，为消费者创造了一个了解企业的捷径。企业可以通过建立门户网站实行全天候销售服务，借助网络推广企业形象、宣传企业产品、发布企业新闻，同时通过信息反馈使企业更加了解顾客的心理和需求；网站虚拟企业与实体企业的经营运作有机结合，将有利于拓宽企业产品的销售渠道，并节省大量的广告宣传和经营运营成本，更好地把握商机。

智慧绿道的建设通过门户网站形式来发表新闻、公告、服务信息，并进行基础设施的集中管理，以实现公共资源信息化。通过网站上的用户调查表、用户投诉、论坛交流等方式，可以迅速准确地得到用户反馈和建议，帮助其改善服务规范和不足。同时通过互联网树立智慧绿道的良好形象，提高城市知名度，进而增强城市综合竞争力。

（2）管理系统

根据智慧绿道的管理需求，智慧绿道管理系统可分为以下八个模块：系统管理、网点管理、终端管理、车辆管理、查询管理、异常统计、报表统计和卡管理。

## （三）智慧绿道技术及应用

1.智慧监控

智能监控技术就是使用计算机图像视觉分析技术，通过将场景中背景和目标分离，进而分析并追踪在摄像机场景内的目标。用户可以根据分析模块，通过在不同摄像机的场景中预设不同的非法规则，一旦目标在场景中出现了违反预定规则的行为，系统会自动发出告警信息，监控指挥平台会自动弹出报警信息并发出警示音，同时触发联动相关的设备；用户也可以通过点击报警信息，实现报警的场景重组并采取相关预防措施。

（1）物体识别

能区分出移动物体的类别和行为，同时还能判断移动物体是行走、倒下或其他。这是其他识别的基础。

（2）越界识别

在视频画面上人为地画一道线或曲线，可以识别出物体穿越此界线的行为。比如视野是在一个马路上，画一条线把道路分成两端，假设定义了从左到右是合法，从右到左为非法，一旦车辆行驶跨越了这个界线，设备判断出，非法则产生报警。

（3）轨迹跟踪识别

移动物体之后，能在移动的元素后面画出其运动经过场所的轨迹。如广场、车站等公众场所，人流穿梭，设备能显示并记录下每个人的走动轨迹。如果一个人长时间在视野中徘徊游荡，超过一定时间，则设备自动报警并提示发现可疑行为人物。若使用多摄像头跟踪，可结合行人面部识别技术展开甄别。

（4）丢失物体识别

设备能识别出视野场景中的物体多出一个或者少了一个，适合仓库、车站、展厅、安检等场所，如果有背包长时间丢失在某处无人拾取，超过设定的时间，系统将产生报警，或者像展厅这些场所，如果展示品缺少一件，设备也能发现并报警。

（5）车牌识别

如果视频场景是道路口或者小区出入口，只要车牌区域在视频中出现过，设备能自动识别出车牌号码，并以文字的方式提示用户。可以用于违规车辆稽查，比如某牌照车辆在事故后逃逸不知去处，如果市内各主要道口都有智能识别视频服务器，系统只要通过网络一次性把一个或几个需要稽查的车牌号码设置到系统的各个智能设备中，一旦此牌照的车辆在视野中出现过，就能立即报警，节省大量警力资源。

（6）车速测量

比如高速路上有200 m的速度提示区，时时提醒驾驶员不要超速行驶，然而超速行驶还是屡屡发生。试想如果在高速路上安装一个智能视频服务器，只要在视野中画两道线，如果确知这两道线的实际距离是100 m，输入设备中，设备就能自动计算出所经过每辆的速度，并在超速时立即报警。

（7）流量统计

智能设备能识别出过往的行人和车辆，同时统计出过往的人或车的数量。试想在一个十字路口或者一个会展中心的门口安装这样一个智能设备，就能统计出过往车流量或人流量，为公交调度提供更多、更及时的信息。

（8）逆行告警

比如单行道或者车站、机场的出口或入口，车流、人流都是单方向的，一旦有人逆行，系统会自动识别出，并报警。

（9）涂鸦行为识别

原本洁净的墙面被人乱贴小广告、电话或者乱涂乱画等，有碍市容。有了智能监控系统设备，就能及时发现这样的涂鸦行为，并及时报警。

（10）反常行为视频

公园、广场、车站等公众场合，人流众多，任何突发的危害人身安全的行为都可能造成重大损失和负面影响。智能识别系统能及时发现人或车辆的异常行为，对突然奔跑、摔倒、追打等行为，系统都会及时发现并提醒管理者。

2.智慧路灯

在现代社会发展背景下，社会各个层面对于资源的占用都达到了一个新高度，导致许多资源供不应求，因此资源应用是否合理的问题引起了社会广泛关注。城市街区路灯系统作为电能消耗的一大源头，其早期能源应用方式往往大于实际需求，说明这种应用方式不合理，会造成能源浪费。所以在现代视角下需要对此进行改善，同时还需要在创新思维的基础上，对系统功能进行优化。

智慧路灯系产品主要包括智慧庭院路灯、智慧路灯、普通庭院路灯及普通路灯四种类型。部分区域使用智慧庭院路灯，另一部分区域采用多杆合一路灯，辅以普通庭院路灯、普通路灯相结合的方式。这样既避免杆体林立乱象，美化环境，又极大延长灯具使用寿命，节约能源，有利于资源最优化和控制成本费用。

（1）远程控制系统建设

为了确保智能路灯系统运行稳定，需要先建设控制系统，同时出于便捷性考虑，控制系统需要支持远程操作功能。主要借助现代移动通信网络、以太网及相应通信模块，建设基本远程控制框架。之后在控制功能方面，主要采用智能节点控制器、智能网关控制器来构建控制模块。例如远程智能监控中心和手机监测模块就是如此。工作人员可以通过智能手机查看系统中每个路灯的状态，如果需要对某个路灯进行状态调整，可以切换控制人工模式来进行管理，无须默认为智能控制模式。该模式主要依照传感器提供数据支撑，智能判断路灯外光线明暗程度，当光线明亮度低于阈值则自动开启路灯，高于阈值则关闭路灯。此外，考虑到网络通信可能受外部因素影响而导致无法通信，影响控制能效，所以还将设计无线通信远程控制系统。此项设计主要采用以太网络，配合TCP/IP通信协议实现数据通信。

（2）远程通信网络构建

智能路灯系统的通信网络为移动通信网络，那么为了在该网络渠道中实现数据交互，需要进行相关设计，具体步骤分为数据通信链路建设、硬件设计城市街道综合管理、能耗管理、系统运行稳定性保障以下将对各步骤进行分析：

①数据通信链路建设

采用公共移动通信、以太网通信模块配合TCP/IP通信协议实现数据传输，可以确保数据进入数据中心。数据中心主要由以太网建设而成，满足数据接收需求，同时在数据接收完毕之后，可以对数据进行分类、储存，当需要对数据中心数据进行调用时，可以依照相同的渠道将数据传输出去，实现双向传输。另外，在手机端设计方面，同样采用上述方法进行设计，借助移动通信、以太网通信模块与TCP/IP通信协议的通用性，实现数据双向传输。

②硬件设计

针对智能网关控制器进行设计，采用集成设备将移动通信、RF通信、GPS授时定位模块整合，同时为了保障所有模块可以同时间正常运作，采用MCU来实现统一管理。在此基础上，智能网关控制器可以自动与上位机TCP连接，这种连接可以保障数据调度与传输的实时性，还具备断点查询功能，有利于系统运行稳定性。另外，针对智能节点控制器进行设计，采用集成设备将太阳能充电管理、RF通信、高精度功率检测、PWM调光、车流人流检测及环境光线模块整合，同样采用上述配置来支撑运作。

③城市街道综合管理

智能路灯系统可以承载部分外置功能，说明其功能价值得到了提升，那么在各种外置功能下，通过路灯系统可以实现城市街道综合管理。具体来说，在路灯监控方面，可以有效防止部分不法行为的发生，即偷窃、斗殴等，这对于社区安全有良好的帮助；在空气质量检测监测中，可以帮助当地气象单位进行空气分析，并提醒居民做出相应预防措施。综合来说，智能路灯系统的外置功能可以从多个方面来优化城市街道管理效果，相比于传统路灯系统的功能表现，其具有巨大优势。

④能耗管理

传统路灯系统的能耗或多或少都存在与实际需求不匹配的问题，那么在智能路灯系统当中，借助环境光线模块、调光模块等，可以根据实际光线条件来判断当前是否需要照明，同时调节照明光线强度。在此前提下，智能路灯系统会根据实际需求来调节自身状态，说明其始终与实际需求保持高度匹配，此时路灯照明就不会出现能耗浪费的现象，同时可以确保能耗规划的科学性。此外，鉴于智能路灯系统同样可能出现故障现象，借助手机端与移动通信网络的连接，可以实现人工实时检测，此举提高了系统运行容错率，因人工可以实时了解系统运行状态，当出现异常之后可以及时处理。

⑤系统运行稳定性保障

虽然智能路灯系统运行同样会存在故障现象，但在智能技术条件下，可以大幅度降低其故障率，这对于系统运行稳定性具有保障作用。具体来说，在MCU管理下，系统可以实时接收到每个路灯的运行数据，集成之后借助数据中心的智能终端分析功能来判断路灯当前是否存在故障征兆。当发现相应问题之后，数据中心会根据预先设定好的逻辑调整故障路灯，如果调整成功将把该路灯规划到正常队列；如果不成功则启动应急措施，即关闭路灯同时激发故障报警模块，通过人工来进行处理。此项功能相比于传统人员保障工作，具有深度高、效率高的优势，说明其应用价值更高。

3.智慧清洁与浇灌

众所周知，清洁服务不仅可以创建洁净优美的生活环境、工作环境，满足业主对健康和安全的需求，同时还能让建筑物保值增值，创造更大的经济价值和社会价值。但在科学技术发展迅速的今天，传统的清洁行业也正面临前所未有的挑战。

传统物业清洁的困局和挑战如下所示：

一是人力成本不断上涨。保洁服务是劳动密集型行业，就业人数庞大。但随着物业清洁人力劳动成本的不断上涨，从业人员的老龄化严重。而物业费基本维持不变，给国内的物业服务企业运营增加了非常重的负担，甚至有可能出现亏损状态，其中人力成本不断上升是导致物业清洁艰难生存的重要因素。

二是垃圾分类落地带来的成本上涨。生活垃圾分类政策的落地，使物业服务企业服务成本压力陡增，加之物业服务人员素质的不足，给物业清洁工作带来了极大的压力。

三是品质需求不断提升。随着社会的发展，人们的生活水平不断提高，客户需求正在发生变化，从最初的干净、舒适向健康转变。客户对清洁、健康、优美、舒适的工作和生活环境的需求也对物业清洁服务提出了更高的要求。传统物业清洁服务面临着重重挑战，转型升级势在必行。

挑战孕育着机遇，创新性思考引发行业变革。进入5G时代以来，诸多产业都迎来了飞速发展，清洁行业也受益于物联网技术革命，从传统物业清洁模式向智慧清洁模式转变。

在此背景下，智能清洁机器人融合5G通信技术，为5G时代提供强有力的清洁硬件支撑，全方位实现智慧清洁。在5G技术的加持下，清洁机器人实现了数据化、平台化、智能化，将保洁人员从繁重的体力劳动中解放出来，解决了保洁一线作业人员招聘困难、稳定性差、人员缺口大的问题，大大降低了物业服务企业服务的用工成本，增强了自主创新能力，提升工作效率的同时保障了清洁作业的品质，让整个作业流程更加规范化、标准化、科学化。

以物联网、云计算、大数据等新技术为支撑。一方面，基于开放互联网思维，将人、机、物、场所等有效结合，搭建"共有、共享、共治"智慧清洁管理系统，促进物业清洁信息化建设，实现日常业务管控、设施设备管理、垃圾分类大数据分析等功能；另一方面，通过不断发掘国内外先进的、智能化设施设备，进行实际试用，从而实现物业清洁作业的全面机械化、智慧化发展，精准对接智慧城市网络，引领物业清洁服务新模式。

4.智慧互动装置设计

（1）互动式景观——景观智能化

身处如此"日新月异"的时代，单纯的传统景观已经无法牵动人们兴趣的神经，美则美矣，但大多数景观仍旧不能引起人们广泛的关注与共鸣，依旧会在众多普通景观中继续浮浮沉沉。近些年，有一种新的景观形式异军突起，其通过与科技、创意、文化、功能、游乐等元素的结合，营造了全新的景观形式，强调了人之于场所的参与感、设施与人之间的互动感，给人以全新的感受，这就是互动式景观。

（2）"水晶森林广场"

截至目前，城市公共事物和个人事物是完全分离的。然而，数字技术使分享个人的东西变得更加容易，并且通过时间分享，每当被共享时，个人的私家车和住家就扮演了城市里如出租车和酒店一样的公共角色。相反，通过与数字技术共享喷泉和广场等城市里的公众事物，使之个性化，就有可能创建一个公共性和个性化模糊共存的城市。之后，被个性化的事物，包括当事人，通过数字艺术的方式，将个人的事物公众化，创造美感，并且能够避免他人的不适，从而使得更多人体验到艺术之美。在新时代的城市里，人们有全新的生存方式。

如"水晶森林广场"由光的点集合形成的水晶柱群体组成，称这些水晶柱为"水晶树"。水晶柱群体所发出的光，整体形成一个三维物体。由于三维物体是由光构成的，因此可以通过数字化来操控，使它产生互动。通过接近每一棵水晶树，或通过智能手机发出信号，可以改变光构成的三维物体。每棵水晶树从单体来看，是可以进行个人和互动体验的三维物体；从整体来看，作为一个稀疏的集合，它可以成为一个不与他人分界的有一体感的装置空间，并且作为一个密集的集合，它可以成为一个巨大的三维物体。这些变化由于数学规则上的连续性，它们会根据地点而无边界地变化。作品也会随着在这个空间里的人的存在而不断地进行改变。

树木的中心点和水晶树的中心点分别位于广场中不同的地理位置。树木群有多个中心点，互相共享着邻接点，使树木群成为一体。越接近树木群的中心，树林越密集，形成人们无法自由活动的空间；相反，离开中心越远，树木越稀少，最边缘就剩一棵树，形成人们可以自由活动的空间。密度不一的空间是相互连续的，边界也是模糊的。整个水晶树群体发光形成的发光块会超越连续的树木群形成密度不一的空间，并使所有密度不一的空间整合在一起。

水景树所在的广场中心部有一个空间，它的天花板和墙壁是由玻璃组成的。中心部没有水晶树，是空心的。出于建筑结构的合理性考虑，靠近中心的水晶树被排列成网格状。蜂窝结构的部分和网格结构的邻接点布置在近端柱的平均值处，网格结构和蜂窝结构是连续的。通过水晶树在排列上连续地改变着密度，水晶树从中心部到远处的位置上都是独立存在的。朝着中心部走时，柱子会慢慢变得密集，密集的柱子会形成一个新的空间，而中心部因为密度最高，而产生象征意义。

（3）发光跷跷板

跷跷板是个很传统的游乐设施，灯光是在夜晚中最富有活力、动感和表现力的元素，二者的结合就是传统与现代的碰撞，使附带了LED光带的跷跷板更具有童真、童趣。除此之外，跷跷板还能发出音乐，随着跷跷板的上下起伏，跷跷板灯的强度和音乐声也会随之改变，让你与因身体律动所产生的光感共鸣。

（4）Loop灯光装置

2 m宽的圆筒上附有黑白图画。当人们进入圆筒里并来回拉动杠杆时，这个圆筒就开始旋转，同时开始发亮、启动音乐，24个与童话相关的黑白图画也会随之转动，随着黑白图画的转换，就会产生如自动放映电影一样的效果。

# 第五章 人工智能在卫生领域的应用

## 第一节 人工智能应用之院前管理

### 一、健康管理

健康管理（Managed Care）是20世纪50年代末提出的概念。其核心内容是医疗保险机构通过对其医疗保险客户（包括疾病患者或高危人群）开展系统的健康管理，有效控制疾病的发生或发展，显著降低出险概率和实际医疗支出，从而减少医疗保险赔付损失。

#### （一）个人健康数据监测与管理

个人健康管理场景中的运用，主要是通过基因数据、代谢数据和表型（性状）数据的分析，为用户提供饮、食、起、居等各方面的健康生活建议，帮助用户规避患病风险。

现阶段，可穿戴设备软硬件的发展及普遍使用，使收集全面的个人健康数据成为可能。医疗健康机构可对这些数据进行科学的管理，运用信息和医疗技术，在健康保健、医疗的科学基础上，建立起一套完善、周密和个性化的服务程序。其目的在于通过维护健康、促进健康等方式帮助健康人群及亚健康人群建立有序、健康的生活方式，降低风险状态，远离疾病；而一旦出现临床症状，则通过就医服务的安排，尽快地恢复健康。

1.个人健康数据管理一般流程

个人健康数据管理与其他健康管理一样，整个流程分为数据采集、数据分析、行为干预三个环节。数据采集方面，基因数据和代谢数据分别依靠基因检测技术和代谢质谱检测技术获取，表型数据则通过智能硬件（包括可穿戴设备、具有用户健康数据采集与记录功能的智能手机设备等）由用户自填获取。

（1）数据采集

个人健康数据的采集，主要是通过智能可穿戴设备实现的。目前市场上与医疗健康相关的可穿戴传感器主要有两大类。

一个是体外数据采集，主要通过带 G-sensor 的三维运动传感器或 GPS 获取运动状况、运动距离和运动量。

另一个是通过体征数据监测帮助用户管理重要的生理活动。现阶段可以利用的体征数据传感器如下：

①体温传感器。

②热通量传感器：用来监测热量消耗能力，也可以用于血糖辅助计算和新陈代谢能力推算。

③体重计量传感器：用于计算 BMI 指数。

④脉搏波传感器：推算血压、脉率等数据。

⑤生物电传感器：可用于心电、脑电数据采集，也可用来推算脂肪含量等。

⑥光学传感器：推算血氧含量、血流速。

现在主流的可穿戴健康监测设备，都是设备终端，只用作传感监测，然后通过蓝牙将数据传输到服务器端，收集到每个不同个体的数据而整合成一个大型的数据库。

（2）数据分析

健康大数据采集之后，就可以有针对性地进行数据分析。目前常见的数据分析方法包括以下三个技术方向：

①以数据挖掘为核心的知识发现技术

数据挖掘，是从大量的数据中，抽取潜在的、有价值的知识的过程。数据挖掘所探寻的模式是一种客观存在的、隐藏在数据中未被发现的知识。

②以数据仓库为核心的数据整合技术

以数据仓库为核心的医学数据整合系统，独立于已有的医疗机构业务系统，将分散的业务系统产生的不一致的数据进行整理、变换、集成，得到全面、高效、一致的信息。

③以商务智能为核心的智能决策技术

将商务智能技术（BI）应用于卫生决策分析，使决策者摆脱传统报表的束缚，以全新的、先进的分析手段，多维度地深入理解需要的数据，为广泛、深入地分析提供新的有力工具。

上述数据分析技术，加上当今人工智能领域炙手可热的深度学习、贝叶斯推理网络等技术，可以给个人健康管理提供强大的技术支持，对收集到的数据进行最全面的解析。

（3）行为干预

根据前期的数据采集、数据分析，可以清楚地了解每个人的健康状况、既往病史、生活习惯、身体指标等情况，利用个性化推荐技术，也可以针对每个人制订适合的行为规范干预计划。然后，可以通过智能软件进行线上互动提醒，也可以线上线下相结合，把线下服务更加高效地推送至个人，纠正用户的一些不良习惯，帮助用户养成良好的生活习惯。

2.应用难点

在个人健康管理方面，面临的难点如下：

（1）关键数据的采集

目前，市场上流行着各式各样的可穿戴设备或者家用医疗设备。但是，大部分产品一个共有的问题就是采集的数据并不能满足临床医疗要求的精准度级别。跟个人健康相关的指标，需要使用专用的传感器或设备放置在特定的身体部位才能进行精确采集。但是，目前大部分可穿戴设备都设计得比较便捷、通用（例如手环、腕表等穿戴起来很方便），却无法在数据采集精度上达到医疗体系的标准。这就给以后的数据分析及行为干预留下了一些先天缺陷。

这一点需要跟随未来智能硬件技术的发展，设计制造出更加精确的可穿戴设备，以逐渐提高数据采集的精度。

（2）数据标准化

利用当前的数据采集手段，可以采集到海量的健康数据。但是，当我们进行数据分析的时候却常常发现，采集到的大部分数据是没有用的，真正有用的数据只是少部分。

这就提出了一个问题：什么样的数据才是有用的数据？也就是需要在数据采集之前就制定智能数据标准，并且需要广大可穿戴设备及家用医疗设备制造商来共同遵守这样的标准才行。

（3）数据孤岛

智能硬件和手机APP，是用户健康类数据的主要来源。目前，用户的健康类数据独立存在于各智能硬件、手机APP之中，"数据孤岛"明显。另外，对健康管理非常重要的核心医疗数据，保存在各家医疗机构，即使用户本人也无法获取自己的全部医疗数据。这些数据如果能够很好地共享、串联起来，对于健康管理来说无疑是非常大的促进。但是，在当前社会环境及政策背景下，从医疗机构获取到用户的医疗大数据还没有明确的可行办法。

3.应用创新性

（1）数据采集层面

由于监测技术的大力发展，目前已经可以收集到的数据包括基因数据、代谢数据、身体健康的表型数据。另外，随着传感器技术、测量技术的进一步发展，相信今后能够采集到的个人健康相关数据类型会越来越多，数据的精度也会越来越高。无论从"量"上还是从"质"的方面，都会体现出技术创新带来的红利。

（2）数据分析层面

大数据分析技术、人工智能相关技术的引入，可以把以前分离的医疗数据（部分）、体检报告数据、智能穿戴设备数据、用户使用移动健康管理系统的数据打通融合起来发挥更大的作用。利用这些打通后的数据，必将为用户提供更好的健康管理解决方案；同时，这些数据也促使健康管理朝着更有利于用户的方面改进。

（3）行为干预层面

运用先进的互联网（含移动互联网应用）技术与健康移动终端监测产品进行联网对接，对客户身体健康指标进行实时跟踪、数据分析。当发现健康指标发生异常变化时，及时、主动地联系、提醒和督促客户注意身体健康状况。从以前被动咨询转为主动服务，这极大地方便了广大客户对健康的管理，真正实现了及时发现、及时治疗。

## （二）慢性病健康管理

1.慢性病管理对象

（1）疾病管理

慢性非传染性疾病，如高血压、糖尿病、心脑血管病等。

（2）认知管理

慢性病患者对所患慢性病的认知，患者因所患慢性病而引起的消极心理状态，患者与所患慢性病相关的行为方式。

（3）环境管理

慢性病患者所处的社会环境，又可以划分为微观社会环境和宏观社会环境。微观社会环境主要包括家庭环境、工作环境、朋辈群体、社区环境和卫生服务环境等。宏观社会环境主要指患者所处的阶层、社会阶层之间的关系及社会阶层结构的变迁方式等。

上述对象涵盖了人的生理、心理、社会三类基本属性，现有的众多理论和实践都已经证明生理、心理、社会属性之间的相互制约关系。这表明，如果单纯地对人的某一方面属性进行干预，那么将受到其他两个方面属性的牵制，并将无法达到预期的效果，即使在短期内能取得一定效果，干预效果也难以长期维持。

2.慢性病管理的方法

在明确了慢性病管理对象的基础上，就可以采用对应的方法进行有效管理。对于生物医学意义上的慢性非传染性疾病，管理的基本方法自然是生物医学的监测、用药及监督患者执行医嘱。对于患者的认知和心理干预，基本方法为加强健康教育以改变患者对疾病的认知，进而改变患者的行为；对于心理动力不足的患者，则应采用心理干预以增强其改变不健康生活方式、行为方式的愿望、毅力等。对于患者的社会环境干预，基本方法为社会工作的小组工作方法、社区工作方法和政策评价方法等。由于人的生理、心理、社会属性之间存在相互制约关系，因此，慢性病管理需要采用综合性干预方法，即团队干预方法。

3.慢性病管理中的创新

以糖尿病的预防为例，其管理中的创新如下：

（1）数据采集阶段

在家庭场景下，可以使用各种家用便携式测试仪，在家完成血糖、血压、血脂的日常监测；在医院场景下，可以完成糖化血红蛋白监测、眼底检查、心脏及肾功能检查等项目的监测。另外，结合患者存于医疗机构里面EHR、EMR、LIS等系统中的数据，以及能够获取的与患者生活习惯相关的数据，就可以展开针对糖尿病的数据分析。

（2）数据分析阶段

可以根据上述患者的医疗大数据，使用数据挖掘相关技术，针对患者患病风险程度做出分析，并对患者疾病相关的可控危险因素做出识别。分析结果可以给医生及患者提供重要参考。

（3）行为干预阶段

人工智能技术在医生端可以辅助医生制订个性化随访方案，优化治疗方案，最终达到提高血糖达标率、降低医疗费用的目的；在患者端可以提供个性化健康教育、实时生活方式干预、精准营养管理、智能疾病检测等，以达到降低糖尿病并发症、提高生活质量的目标。

### （三）精神健康管理

1.行业痛点及业务需求

我国精神健康服务发展不平衡，地区差别较大，大中城市发展较好，而广大农村地区近于空白，群众亦缺乏基本的心理健康知识。整体来说，服务提供远远不足，体现在从业人员数量较少、质量偏低、机构服务能力不足等方面。在我国，部分有心理咨询需求的民众的收入水平无法承担每疗程总计5～8个小时、每次几百元不等的心理咨询费用。目前.虽然北京市部分社区将心理咨询纳入医保，但覆盖范围较小、支持力度不足。

这些行业痛点都需要人工智能技术的介入来提高从业者的工作效率，提升用户使用满意度。例如采用人工智能辅助诊断的形式收集病人的基本情况、病情病史，有助于在就诊时缩短医生的问诊时间和提高诊断效率。采用人工智能辅助治疗技术干预的用户端产品（如APP），可以帮助精神疾病患者随时随地地通过客户端与有辅助治疗功能的AI机器人沟通，或者通过客户端与线上的治疗师沟通。

2.精神健康管理的框架及功能

精神健康管理的框架可以分为情绪调节、精神疾病管理两类。

情绪调节，主要通过人脸识别用户情绪，以聊天、推送音乐或视频等多种交互方式帮助用户调节心情。根据亿欧智库的调查，目前国内还没有或媒体尚未披露致力于情绪调节场景的公司，但该场景拥有巨大的市场潜力，尤其是通用型语音机器人，情绪调节功能的嵌入将有望大大提升语音机器人的用户体验和用户使用活跃度。

精神疾病管理主要指通过人工智能技术实现精神疾病的预测和治疗，目前，全球的公司中多数为精神疾病的预测。精神疾病的预测，主要通过语音识别、图像识别和基于量表的数据挖掘技术实现预测效果；精神疾病的治疗，主要打造人工智能心理咨询师，提供个性化治疗。

人工智能辅助诊断系统还可以采用一些心理量表和标准化诊断工具，对病人的病情进行初步的测量和鉴别。医生可以根据人工智能已经收集的基本情况，以及心理测量结果对病人进行更详细的问诊。医生还可以结合人工智能的诊断结果和自己的诊断，给出最终诊断结果。

3.人工智能解决方案及创新点

人工智能技术的应用大大突破了心理健康服务的时空限制，降低了支付成本，有利于缓解我国心理健康医疗资源紧张的问题。未来经过不断完善疾病数据库和智能问诊技术，人工智能产品也有助于提高心理疾病的诊断效率和识别率。

人工智能产品的出现为不愿直接前往精神科和咨询机构的人群提供了很好的途径，他们能随时随地进行咨询和了解，帮助其及早识别心理疾病、了解心理健康知识。问诊后的科室推荐、转入医生服务和咨询平台也将有助于提高患者就诊率和治疗率。

### （四）营养健康管理

顾名思义，营养健康管理即专业的健康管理人员（健康管理师、公共营养师、营养医师等）根据人体所需的能量及营养合理安排膳食，让用户通过运动锻炼，以及其他干预措施（包括心理调节等）来避免疾病的发生或者延缓疾病的发生。医生目前主要根据病人已有的疾病进行膳食调整，借助药物、手术等手段消除疾病，是治已病之病。

根据流行病学调查表明，现代人约有50%不定期出现食欲不振、头痛、失眠、心绪不宁、精神萎靡、注意力不集中、疲劳、健忘及性功能障碍等现象。导致这种现象发生的原因是现代生活中的环境污染、饮食结构不合理以及来自社会竞争的各种压力等，其中，饮食结构不合理是常见的原因。利用营养健康管理的思路，使用一定的方法了解用户的饮食习惯，是改善健康状况、帮助用户从亚健康恢复的一个重要途径。

营养管理在营养学场景中的运用，常见的是利用AI技术进行食物识别，实现个性化合理膳食。

国内营养管理相关的人工智能公司的应用场景有两类：第一类是通过连续血

糖监测，发现不同食物的餐后血糖变化，从而指导用户用餐；第二类是通过对菜品的图像识别，利用机器学习的方法实现菜品种类及分量的识别和分析，用来指导用户合理用餐。这个方法可以根据用户拍照上传的菜品图片，自动识别其中的食物种类，判断菜品所含热量、胆固醇、脂肪、升糖指数等指标，并根据每个人的身体状况（如减肥、高血脂、脂肪肝、痛风等）推荐该菜品是否适合食用。国人尚未普遍树立正确的营养饮食意识，反而是电视台上充斥的并无科学道理的伪保健节目给民众带来了更多的困惑。

## 二、风险预测与防控

医生临床环境中的误诊、漏诊一直是临床医疗管理中的难题，通过科学、有效的方式协助医生提高诊断的准确性非常必要。针对医疗环境的复杂及场景之多，人工智能技术可与大数据技术相结合，然后通过整合性分析后，医院就可实现诊断风险监控管理，有效地降低误诊、漏诊发生的可能。

临床上许多疾病都是可以预防的，但是其发展速度相对缓慢，病况加重到一定程度才会在临床发现，虽然医生可以借助许多工具进行疾病预测，但疾病的复杂性和混杂的数据在很大程度上会影响预测效率和准确性。人工智能借助强大的计算能力和自我学习能力能显著提高预测准确率。

### （一）临床诊断风险与辅助决策

疾病诊断准确率在医学技术不断发展的今天依旧不容乐观。过去50年即便诊断技术在快速发展，临床误诊率依然在30%上下。例如鼻咽癌、白血病、胰腺癌、结肠癌等恶性肿瘤的平均误诊率在40%以上；肝结核、胃结核、肠系膜淋巴结核等肺外结核的平均误诊率也在40%以上。

基于自然语言处理和机器学习技术，学习医疗数据，吸收权威专家多年的宝贵经验，理解医生撰写的病历，并根据病历内容给出疾病预测，比对人工智能预测结果与医生诊断结果，可以科学地给出诊断风险，从而实现诊断风险监控。

AI辅助诊断基于自然语言处理与机器学习的技术基础，对病历与文献指南学习后，让人工智能具备了读懂病历、分析病历的能力，实现了500种疾病的分析预测，并可实现诊断风险监控。同时，结合疾病诊断与鉴别诊断需要的医学百科信息，辅助医生疾病诊断与鉴别诊断，尽可能地降低误诊、漏诊的可能性。

### （二）公共卫生事件预测与防控

公共卫生系统的流行病检测是指有计划地、连续地、系统地收集、整理、分析和解释疾病在人群中的发生及影响因素的相关数据，并及时将监测所获得的信息发送、反馈给相关机构和人员，用于疾病预防控制策略和措施的制定、调整和评价。这个定义反映了疾病监测的三个最基本的要素：一是连续、系统地收集相关疾病的数据和资料；二是汇总、分析、解释与评价所收集的数据和资料，使之成为可用的信息；三是及时将监测信息发送给相关机构和人员，不仅包括使用监测信息用于决策的机构和人员，还包括处于监测系统中不同层次的参与者，且应将监测信息以一定的方式向公众发布。上述三个要素中任何一个的缺失，都将导致不能构成一个完整、有效的监测系统或监测活动。

1.预测基础技术

（1）基于历史数据的流行病预测方法

基于历史数据的定量预测是运用统计方法和数学模型，通过对一些历史数据的统计分析，对事物未来的发展趋势、增减速度及可能达到的发展水平做出说明，并且以数学模型来表达基本规律，从而对未来发展进行预测。以国家疾控中心统计、发布的数据为基础，以各种预测方法的建构为核心，将常用的定量预测方法分为回归分析法、时间序列分析法、灰色系统预测法、马尔柯夫（Markov）预测法、人工神经网络法等。这些方法都运用了数学建模的思想，在建立过程中隐含了建模的四个基本步骤：

①模型的假设：通过合理的假设简化实际问题，舍弃其中的次要因素，考虑其中最主要的因素。

②模型的建立：将实际问题转化成数学问题。

③模型的求解：求出数学问题的答案。

④模型的检验和应用：把数学问题的解应用于实际问题的解决，是数学建模思想在疾病预测方面的一个应用。

（2）基于搜索大数据的流行病预测

除上述利用历史数据进行流行病预测的方法之外，近年来，由于互联网技术和应用的飞速发展，搜索大数据用于流行病预测的方法也已经做出非常准确的流感预测，让人眼前一亮。

随着搜索引擎日益成为人们查询生活信息的主要渠道，网络搜索数据成为流感监测的理想数据源。在每天百度搜索框60亿人次的搜索量中，有6000万人次在搜索与医疗健康相关的词语，与疾病相关的搜索每天超过1500万次，与医院相关的搜索每天超过300万次，与医生相关的搜索每天超过50万次。这一现实基础使得基于搜索数据的流感监测成为可能。相比于其他数据源，搜索引擎数据具有更强的倾向性和即时性，搜索关键词直接地反映了查询人的意图，而且搜索数据是可以实时统计的，可以保持与流感疫情的完全同步。此外，搜索数据调查的人群范围更广泛，它可以显示某个地区全体网民对于流感的关注情况，得到的数据更接近真实的整体。近年的一些研究也表明，互联网搜索信息有助于公共卫生和流行病监测。

多种模型实证表明，搜索数据信息和历史数据信息具有部分互补性，即网络搜索数据中包含历史信息中没有的信息，这部分信息反映了因变量的当期变异。因此，网络搜索数据是历史信息的有益补充，历史信息能够较好地预测因变量的趋势，而搜索信息保障了即时预测的准确性。所以，联合使用以上两种信息的模型具有较好的监测效力。

2. 应用难点

对于基于历史数据的疾病预测来说，一般所使用的数据是疾控中心从各个地区的医疗机构或相关服务机构搜集而来的。但不是每个患者都会去医疗机构看病，因此部分患者也许自行买药。所以，疾控中心的报告跟真实的发病率会有差别。另外，流行病监测网络的数据从数据上报到形成报告并公之于众，都需要一个过程。

综上所述，只有将历史数据、搜索数据及能够获取的其他流行病相关数据结合起来，才能得到较准确的公共卫生领域的流行病预测。

3. 公共卫生事件的现场干预

对于已经爆发或者经过技术手段预测出来即将爆发的公共卫生群体事件，一般可以采取以下七种干预措施：

（1）诊断试验

在进行现场干预之前，有必要对这些试验在人群中的灵敏度和特异度进行评价。

（2）治疗性措施预防

主要指治疗性的药物或措施用于疾病的预防控制。

（3）药物治疗

首先，快速评价某治疗性药物在人群中的应用（用于病例），是否可以有效地降低某病的发病率和死亡率，如结核、麻风等；其次，视情况给发病人群用药，这样可以减少病原体的传播（降低发病率），或者治愈、减缓病情（降低死亡率）。

（4）疫苗预防

广义的疫苗包括全部预防性免疫制剂，如菌苗、毒苗、免疫球蛋白等，可以用来预防或者消除感染。

（5）媒介生物控制

常常是指针对环境的预防性干预措施。例如杀虫剂的新配方和新使用方法，新的或改良的生物制剂，减少人与媒介生物接触的措施（如蚊帐、纱窗、个人防护措施）等。

（6）教育干预措施

通过教育和宣传的手段改变人们的行为，也是疾病预防控制中常使用的措施，如戒烟、母乳喂养、良好的个人卫生习惯、良好的饮食习惯、良好的生殖卫生习惯等。

（7）改变环境

许多疾病的预防控制都是通过环境的改变来实现的，如改造厕所、提供清洁生活用水、开展污水处理、清除临时积水、消除灌木、好的粮食保藏方法、通风透光等。

# 第二节　人工智能应用之院中诊疗

## 一、智能影像诊断

基于医学影像学的计算机辅助技术可以划分为计算机辅助检测（CADe）和计算机辅助诊断（CADx），前者着重检测，只需要计算机标注异常征象，而后者侧重于病情诊断和预后策略选择。因此，CADe是CADx的基础和必经阶段，CADx是CADe的延伸和最终目的。CADx被视为医生的"第三只眼"，其广泛应用有助于提高诊断的敏感性和特异性。

传统的CADx通常分为三步：首先，医学影像的预处理，目的是定位病变位置，让计算机从复杂的解剖背景中将病变及可疑结构识别出来，针对不同的病变，CADx需要采用不同的图像处理方法，基本原则包括图像质量评价、图像增强、图像滤波；其次，病变特征提取，将上面提取的病变影像进一步量化，并对具有诊断价值的影像学表现进行分析，如病变的大小、密度、形态特征等；最后，模式识别，将前面得到的特征向量输入模式分类器，包括人工神经网络、支持向量机、贝叶斯网络、规则提取等，它们将采用特定的学习型算法，将特征向量映射为诊断决策。

传统上，CADx架构需要事先对关键特征进行定义和学习，最具挑战性的是进行特征定义，包括亮度、密度、体积、面积、纹理特征等，不同特征与问题的关联性也不同，这种关联性将直接影响机器学习的性能。随着高性能计算和大数据的产生及存储技术的产业化，诞生了深度学习技术，与传统的机器学习方法相比，最大的区别在于：操作者无须定义特征，只需要输入原始数据，机器将通过输入的图像数据与输出的目标概念之间的上百万个权重连接来自主寻找最有代表性的特征，而这些特征隐含在深度学习框架中。将深度学习作为CADx的核心，不仅能简化CADx的架构，还能充分利用海量医学影像数据的优势。可供学习的数据越多，诊断就越精确。因此，深度学习需要漫长的学习和优化过程，需要研究者更好地构建深度学习框架，更需要医疗、影像和深度学习三个方面团队的密切配合。

现代医学是建立在实验基础上的循证医学。医生的诊疗结论必须建立在相应的诊断数据基础上，影像是重要的诊断依据，医疗行业中80% ~ 90%的数据都来源于医学影像。所以，临床医生有极强的影像需求，他们需要对医学影像进行各种定量分析、历史图像的比较，从而能够完成一次诊断。医学图像与其他"数字影像和通信"（DICOM）一样，有一个存储和交换医学图像数据的标准解决方案。该标准包含一个文件格式和一个通信协议。所有病人的医学图像都被保存在DICOM文件格式里。这个格式中保存着病人的受保护健康信息，如病人姓名、性别、年龄，还有一些医疗图像数据。依靠"医学成像设备"所创建的DICOM文件，医生就可使用DICOM阅读器和能够显示DICOM图像的计算机软件应用程序来查看医学图像，并且根据图像信息做出诊断。

人工智能在医学影像数据挖掘和分析中包括数据预处理、图像分割、特征提取和匹配判断四个主要过程，前三个过程的核心是图像识别，而匹配判断则要通过深度学习来"学会诊断"。人工智能在智能医学影像诊断的概念是计算机在医学影像的基础上，通过深度学习完成对影像的分类、目标检测、图像分割和检索工作，从而协助医生完成诊断、治疗等临床医疗工作。

人工智能的本质是计算机通过对已有资料进行经验积累，自动提高对任务的处理性能。人工智能在图像处理上的能力分为以下四类：影像分类、目标检测、图像分割和图像检索。

医院大数据里80%～90%的存储容量被影像数据所占据，现在的计算机可以识别结构化的文本数据和结构化的影像数据，且正在探索将功能性医疗图像和结构性图像相融合的方式，以获得更好的诊疗效果。

## （一）放射影像应用

目前，人工智能在放射影像领域的应用方向包括疾病筛查、病灶勾画、脏器三维成像等。

### 1.肺部结节筛查

早期筛查是降低死亡率的重要手段。然而由于早期肺癌病人一般缺乏明显临床症状，也无特异的生物标记物，因此，目前筛查的主要方法是通过放射影像检查肺部是否存在可疑病灶。胸部放射影像技术中最常用的包括X线胸片和CT肺部检查。相对于X线胸片的扁平二维图片，CT扫描可以提供肺部的三维信息，因此其筛查的准确率远高于X线胸片。低剂量CT扫描因为其扫描速度快、放射剂量小等因素，非常适合年度体检。

推广这种筛查方法的一个主要障碍是CT影像诊断的巨大工作量。早期肺癌多表现为肺部结节，它们尺寸小、对比度低、形状异质化高，因此，筛查工作是由影像科医生人工读片完成的。但是，每位被检者的胸部CT图像至少有100张，精细级的扫描甚至多达600张，所以随着体检人数的快速增长，人工处理的方法越来越难以胜任此项任务。

在过去的十多年里，多种针对肺部结节CT筛查的计算机辅助诊断（CAD）系统被开发出来。其中公开的、有代表性的系统有ISICAD、SubsolidCAD、LargeCAD、ETROCAD等。这些CAD系统通常包含三个步骤。①数据影像预处理；②建立疑似结节集；③降低疑似集的误报。

步骤①的任务是将输入影像标准化，固定图像分辨率和层间距；划分其中的肺部组织，裁除其他组织区域；降低数据噪声。步骤②的任务是使用各种算法，尽可能多地挑出影像里所有结节区域。这个步骤为了增强算法对结节的敏感性，一般对误报率不做严格要求。步骤③的目标是在生成的疑似集中尽可能剔除非结节情况，降低系统的假阳性误报率。

人工智能在肺部结节筛查方面的应用不断深入，但是，目前人工智能辅助医学影像诊断面临以下四个问题：

（1）现在的人工智能还是单一的检查设备。疾病的筛查比较复杂，单纯根据影像进行诊断比较困难，很多结节相似，却是不同的疾病，一种疾病也可能有多种影像，所以诊断必须结合临床的资料，如化验检查、肿瘤标志物、病理、基因等，还有CT核磁共振等一系列的检查。疾病的诊断是综合影像的分析，是诊断思维的应用，所以目前人工智能的影像诊断还是比较单一的。

（2）诊断正确率的问题。尤其是诊断假阳性和假阴性的问题，这需要人工智能影像诊断产品不断改进、完善。

（3）多器官的诊断。人工智能产品目前的研究重点放在肺结节上，除肺以外，还有纵隔、胸壁、软组织等。医生在诊断过程中不可能只看肺结节，病人在肺部之外的其他部位也可能存在问题。此外，深度学习的算法有很多，不同算法框架下的结论肯定是不同的。

（4）病人的隐私问题、伦理法律问题。人工智能医学影像产品一旦落地并广泛使用，患者隐私、伦理等方面的问题需要进一步考虑。

2.病灶靶区勾画

病灶靶区勾画与治疗方案设计会占用肿瘤和放疗科医生大量的临床工作时间。放疗是肿瘤三大治疗方式（手术、化疗、放疗）之一，每个肿瘤病人的CT图像一般有上百张，医生在病灶靶区勾画时，需要对每个图片上的器官、肿瘤位置进行标注，这个过程按照传统方法需要耗费数个小时。靶区勾画与治疗方案设计具有一定的技术含量，需要医生的临床经验，但是其中包含了大量的重复工作。这些劳动密集型的工作是人工智能的专长，利用人工智能进行相关工作将节约医生大量的时间。

肿瘤相关临床科室信息系统借助人工智能方法，将肿瘤治疗过程中各独立分系统、各环节产生的数据信息对接，然后整合进行肿瘤治疗流程的控制和管理。同时实现质量控制，形成以下标准化流程：系统根据具体癌症类型自动生成诸如CT的检查项目；然后根据影像学检查图像，利用图像识别技术和人工智能技术自动勾画相应靶区；系统自动生成具体的放射性照射方案或者手术方案后，交由医生最终确认。为了做好质量控制，系统会全流程跟踪上述及之后的治疗与检查结果。

3.器官三维成像

人工智能器官三维成像是以核磁共振、CT等医学影像数据为基础，对目标器官定位分割，在计算机上显示患者的内部情况。医生手中的探针指向哪里，系统实时更新显示，让医生对病人的解剖位置一目了然，使外科手术更快速、更精确、更安全。自动重构器官真实的三维模型，实现医生可通过专用设施，在增强现实的虚拟空间里全方位直接观看到患者真实人体结构的解剖细节，并可通过手势和语音操作，实时进行器官和病变的立体几何分析，精确测量目标结构的区位、体积、径线、距离等参数，同时还可进行虚拟解剖作业、模拟手术切除、手术方案设计和手术风险评估等。

器官三维成像产品最早出现在手术导航系统中，但早期准确率不高，随着人工智能的加入，成像结果趋于准确，逐渐为医生所接受。器官三维成像主要应用在外科手术中，其能够将病人术前或术中影像数据与手术床上病人解剖结构准确对应，帮助医生了解病灶与人体循环系统的相互关系，计算器官和病变体积，进而确定手术切除线路，可以极大地提高外科医生的手术精确度，最终减小手术创面，最大限度地减轻手术患者肉体上的痛苦。

此外，在早期食管癌智能筛查系统、乳腺癌人工智能辅助诊断系统、人工智能甲状腺结节检测及诊断、人工智能脑卒解决方案等方面，也有一定的研究进展和发展前景。

（二）病理影像应用

作为"大影像"的一部分，人工智能已经开始逐步应用于病理诊断，如细胞学初筛、形态定量分析。组织病理诊断包括辅助预后判断、组织学分类及良恶性鉴别，并且现已证实自动组织病理诊断系统在许多肿瘤良恶性、组织分类及预后判断方面有价值（肺癌、乳腺癌、神经母细胞瘤、淋巴瘤、食道癌前病变等）。

病理诊断是许多疾病尤其是肿瘤性疾病最终诊断的金标准。病理切片的审查是一项非常复杂的任务，需要多年的培训才能获得专业知识和经验。我国病理医生缺乏，卫生计生委统计年鉴显示我国病理科执业医师（含执业助理医师）只有不到1.5万人，与国家卫生健康委员会制定的每100张病床配备1～2名病理医生的标准差距悬殊，我国病理医生的缺口总数可达10万人。不同的经过严格训练的病理医生对同一个患者的诊断也存在差异性，如病理科医生对某些类型的乳腺癌和前列腺癌的诊断一致性低至48%。通常情况下，病理医生负责审查病理切片上可见的所有生物组织，但是每个患者有很多病理切片，经过40倍放大后每个切片上都有上亿的像素，阅片工作量极大。

为了解决临床病理医生时间有限以及提高诊断准确性的问题，将人工智能引入临床病理学工作和研究是很好的切入点。人工智能可以缩短病理诊断的时间和提升诊断效率，最主要的是，它还能提供更加准确的诊断结果。人工智能的有效使用可以真正帮助病理医生提升判读水平，从精准诊断开始，真正实现精准医疗。人工智能的参与给数字病理研究带来了革命性的变化。谷歌公布了其利用深度学习算法辅助病理医生的工作：确定病理图像是扩散到淋巴结的乳腺癌还是扩展到临近乳房的乳腺癌的情况。他们使用标准的深度学习方法，如GoogLeNet，尽管产生的肿瘤概率预测热图稍显杂乱，但已经达到了普通医生水平。在经过将训练神经网络放在不同放大倍数的图像上进行学习之后，算法的定位得分（FROC）达到89%，明显超过没有时间约束的病理学家诊断得分73%。目前，国内已有多家企业将人工智能引入病理学的研究。

## （三）内窥镜影像应用

目前，研究较多、较为成熟的是人工智能医学影像的食管癌早期筛查项目。

食管癌是常见恶性肿瘤之一，由于缺乏足够的认知和有效的早期筛查手段，目前，我国早期食管癌检出率低于10%。人工智能工程师和临床医生合作，团队对数十万张食管内镜检查图片进行分类，采用双盲随机方法，由不同级别医生进行循环评分标注后，交由人工智能技术团队进行图像处理、增强，借助深度学习技术，使得人工智能筛查食管内镜检查用时缩短，对早期食管癌的发现准确率较高。引入人工智能技术辅助医生对食管癌进行筛查，可以有效提高筛查准确度，促进准确治疗，有望攻克早期食管癌难筛查的世界难题，也有助于消除不同地区医疗水平差异，给患者提供水平一致的诊断和治疗。

目前，这一研究面临的问题是不同厂商、不同成像条件下食管内镜成像质量的一致性和可评价性。

### （四）其他影像应用

糖网病是"糖尿病性视网膜病变"的简称，是常见的视网膜血管病变，也是糖尿病患者的主要致盲眼病。中国是全球 II 型糖尿病患者最多的国家。随着糖尿病患者的增多，糖网病的患病率、致盲率也在逐年升高，是目前人群中第一位的致盲性疾病。医学研究证明，高血糖、高血压、高血脂是糖网病发生的重要危险因素。因为糖网病早期往往没有任何临床症状，而一旦有症状，病情已较严重，容易错过最佳治疗时机。所以糖网病的治疗效果取决于治疗是否及时。但是由于我国眼科医生匮乏、居民重视程度不高，目前我国糖网病筛查的比例不足10%。糖网病筛查没有大面积普及：一方面是因为医生少、患者多；另一方面也存在一些客观问题。

一是糖网病患者基数大，增长快，眼底设备的普及速度远远无法满足需求，但是由于眼底设备昂贵，对于欠发达地区来说，大量采购并不现实。

二是随着人们对糖网病筛查的重视及国家的推进，眼底读片的需求在增加，现有医生的数量已经无法承担这些工作量，导致医生过劳，误诊、漏诊的情况不时出现。

三是从事眼底读片的医生培训速度慢，且存在差异性，也就导致不同的医生读片结果存在差异，致使诊断结果缺乏定量信息。

四是眼底读片的数据管理与分析操作难度大，目前现状是数据简单存档保存，但数据整理工作量大，因此读片数据再次利用难度很大。

五是糖尿病患者往往因为高龄或罹患全身多系统并发症而出行不便，居住地又距地区内有足够眼病服务能力的医疗机构较远，在医疗机构等待或检查时间又较长。

这些痛点主要是医患供需不平衡导致的，而图像识别是人工智能的专长，利用人工智能进行初步筛查，将大大改善目前糖网病筛查的现状。在临床实验阶段，使用人工智能进行糖网病筛查的流程为：患者利用手机、手持式眼底照相机及专业眼底设备拍摄眼底照片后，上传到系统或者云端，然后输入自己的病史

（也可以是医生输入），系统就会自动给出辅助参考意见。需要后续深度检查治疗的患者交由医生复查，无糖网病、轻度无须后续深度检查治疗的患者，给出健康指导建议。

## 二、临床辅助决策

### （一）人工智能疾病筛查

1.精神分裂症的筛查

在精神疾病中，精神分裂症患者具有较显著特征，常表现为非自主发声，讲话中短句居多，语义混乱，"这个""那个""一个"之类的模糊词使用频率高，句与句连起来的表意含糊不清等。

2.对抑郁症、创伤后应激障碍的预测

对于抑郁症、创伤后应激障碍等精神健康受损人群而言，精神崩溃可能表现为一种缓慢发作的形式，情绪危机不会只从一次心理治疗中完全显现。

3.自闭症筛查

人工智能筛查APP的出现，让父母不再需要进行烦琐的准备工作，只要一部智能手机就可以随时随地对孩子进行自助式的自闭症筛查。填写完孩子的基本信息，然后根据孩子的具体情况回答15 ~ 20个和他们行为有关的问题，最后系统会自动生成筛查报告。整个筛查方案的关键在于那套在线问卷设计的可靠性和结果的准确性。

4.阿尔茨海默病预测

来自英国的Avalon AI公司通过脑部核磁共振（MRI）图像，预测在未来患阿尔茨海默病的概率。他们利用深度学习技术开发计算机医学影像诊断工具，目前对阿尔茨海默病的有效预测准确率已经达到了75%。目前医学界诊断阿尔茨海默病病情程度的生物指标主要有两个：一是海马体（相当于大脑记忆芯片）的大小；二是脑室的大小，因为脑室体积会随着脑组织退化而增大。Avalon AI公司的研究员通过细致研究大脑灰质和白质的变化、脑脊液的情况，观察大脑从轻微认知损害发展成阿尔茨海默病的过程中，了解到这些物质会有什么相应的改变。要进行这些研究，首先需要制作一个大脑3D磁共振图像，把它与其他样本进行对比；其次用卷积神经网络（CNNs）的技术来对这个图像里的大脑做特征分析。卷积神经网络的原理和人的皮肤类似——网络的每一层都提取这个大脑扫描图中一些简单的特征，然后层层叠加，重新组合成复杂的特征集合。这种神经网络的分析方法不仅需要横向分析同等失智程度大脑的相似特征，还需要纵向比较不同失智程度大脑的相异特征。通过层层分析对比，就能够判断大脑是否损伤，或者失智程度有多严重。

### （二）人工智能疾病预测

#### 1.脑疝预测

大面积脑梗死是一种常见并且非常严重的神经内科病，其发病人数约占所有脑梗患者的10%，但是死亡率极高，大约为80%。大量研究表明，患者在症状发生恶化之前积极的干预效果比后期干预更好，因此早期对患者预后进行有效判断，从而选择有效的治疗方案是关系到脑梗患者治疗成败的关键。

#### 2.慢性肾病分级预测

世界上超过5亿人患有不同的肾脏疾病，但是全社会对于慢性肾病的知晓率不足10%，因为慢性肾病早期没有明显症状，很容易被忽略，很多患者等到肾功能恶化时才去就医。因此，肾病分级预警具有重要的临床价值。我国科研人员曾经基于人工智能对肾小球过滤进行预测，通过BP神经网络构造了预测模型，从而最终构建出一个实用性良好的慢性肾病分型预警模型。

#### 3.心脏病患者死亡预测

人工智能可以预测心脏病人何时死亡。英国医学研究委员会下的MRC伦敦医学科学研究所称，人工智能软件通过分析血液检测结果和心脏扫描结果，可以发现心脏即将衰竭的迹象。研究人员是在通过对肺高压患者的研究得到上述结果的。这项技术能让医生发现需要更多干预治疗的患者，从而拯救更多的生命。肺内血压的增高会损害部分心脏，大约三分之一的患者会在确诊之后的五年内死亡。目前的治疗方法主要有：直接将药物注射到血管及肺移植。但是，医生需要知道患者还能存活多久，以便选择正确的治疗方案。

#### 4.流行病风险预测

医疗人工智能通过对医疗大数据的收集分析，可在多个方面提高医疗系统的效率。人工智能在公共卫生领域中的应用，可以帮助疾控部门提升疾病预防和控制的水平。通过人工智能预测模型加医疗大数据的收集，完成城市或国家层面的流行病风险预测。通过这样的预测，将大大提高居民健康的管理水平，有助于降低医疗成本支出。中国平安保险公司与重庆疾控中心联合研发的全球首个流感预测模型取得阶段性进展。该模型利用中国平安保险公司的大医疗健康数据和人工智能技术，以及重庆市疾控中心的监测数据，能够提前一周预测流感发病趋势，并在验证中取得准确的预测效果。该流感预测模型将帮助重庆市卫生健康委员会及时监控疫情，并指导民众进行疾病预防。该模型能够精准预测个人和群体的疾病发病风险，提升疾病事前预防的成功率，帮助政府医疗系统降低国家疾病与防控工作的成本。重庆市疾控中心与平安科技团队共同参与流感预测模型的研发工作。该模型融合了疾病防控的业务知识经验和人工智能技术，进一步提高了流感预测的准确性。通过长达三年的历史数据验证，该流感预测模型能够准确预测流感的发病趋势。

## 三、手术机器人

达·芬奇机器人手术系统以麻省理工学院研发的机器人外科手术技术为基础。Intuitive Surgical随后与IBM、麻省理工学院和Heartport公司联手对该系统进行了进一步开发。FDA已经批准将达·芬奇机器人手术系统用于成人和儿童的普通外科、胸外科、泌尿外科、妇产科、头颈外科及心脏外科手术。目前，达·芬奇机器人手术系统是一种高级机器人平台，其设计的理念是通过使用微创方法实施复杂的外科手术。达·芬奇机器人手术系统由以下三部分组成：外科医生控制台、床旁机械臂系统、成像系统。

从患者角度看，达·芬奇机器人手术系统的具体优势包括以下三点：

第一，手术操作更精确，与腹腔镜（二维视觉）相比，因三维视觉可放大10～15倍，使手术精确度大大增加，术后恢复快、愈合好。

第二，曲线较腹腔镜短。

第三，创伤更小，使微创手术指征更广；减少术后疼痛；缩短住院时间；减少失血量；减少术中的组织创伤和炎性反应导致的术后粘连；增加美容效果；更快投入工作。

从医生角度看，达·芬奇机器人手术系统的具体优势为：可以增加视野角度；减少手部颤动，机器人"内腕"较腹腔镜更为灵活，能从不同角度在靶器官周围操作；较人手小，能够在有限狭窄空间工作；使手术人员在轻松的环境下工作，减少疲劳，精力更集中；减少参加手术的人员数量。

达·芬奇机器人手术系统与人工智能相结合，融合现代医学影像成像技术，在自动规划手术路径方案、手术出血爆发点预测等方面有很好的临床应用前景。同时，由于其手术臂的控制完全实现了数字化，更利于通过互联网传输信号进行远程手术。

# 第三节　人工智能应用之院后康复

## 一、康复机器人

我国已将机器人技术研究归入了国家长期科学与技术发展规划，并取得了一定的研究成果，如北京航空航天大学的医疗脑外科机器人、华中科技大学的肢体康复机器人、山东建筑大学的中医按摩机器人和上海交通大学的智能轮椅等。

### （一）护理康复机器人

护理机器人具有在面向病人所处复杂的生活工作环境中能够安全、稳定地完成各种护理任务的能力，是将传统的康复护理机制与先进的机器人技术结合起来的体现。利用护理机器人辅助医护人员对病人进行康复护理，可以将医护人员从繁重的体力劳动中解放出来。

1.智能轮椅和机器人化多功能护理床

中国曾研发了机器人化多功能护理床，可通过七块床板的协调控制帮助患者完成不同体位的护理。之后该护理床升级到可以实现患者的心电、呼吸、血压、血氧饱和度及体温五个生理参数的测量。我国研发的多功能智能护理床，不但能智能地完成各种体位的调整，帮助患者腿部康复运动及大、小便自动护理等，而且能作为智能轮椅使用，完成了护理床和智能轮椅的完美结合。另外，还有智能护理服务机器人，其主要功能是对患者进行全自动的大、小便护理和辅助性按摩，有效防止患者因为身体瘫痪而出现的局部皮肤溃烂或褥疮等现象。

2.仿人护理机器人

为突破智能轮椅或护理床自身定位的局限性，扩大护理机器人的应用范围，满足患者日益增多的不同护理需求，国内外研发了其他种类的护理机器人。

中国海洋大学计算机系智能技术与系统实验室研发的"海乐福"机器人已经在青岛附院应用，其主要用于给传染病房间病人运送药品、食物等急需物品。由于其结构表面经过特殊处理，可以直接用化学物质进行消毒处理而不会对护理机器人有所损害，这对于在疫情传染区的应用非常重要。该机器人采用红外线导航，能够识别外部的复杂环境，人机交互系统的应用更有助于医护人员或患者与护理机器人间的顺利交流，通过智能辨识系统快速、准确地识别并执行医护人员或患者发出的各项需求命令，具有一定的自主规划工作能力。

中国科学院研发的护理机器人——"护士助手"机器人能够完成简单护理任务，如巡视病房、运送药物等，结构功能都相对简单。之后，在此基础上又研发了CASIA-1护理机器人，其中装有大量触觉红外传感器、超声波传感器、红外线传感器，再加上彩色相机来保证能准确无误地完成任务。它的工作任务是代替人在传染区传递X光片、血液样本和病人所需药品、食物等，充当医护人员和病人之间的媒介。执行护理任务时须将目的地输入计算机内，计算机会自主绘制地图信息，护理机器人就会按照确定的合适轨迹路线行走。

3.饮食护理机器人

随着人口老龄化的加重，失能老年人和残疾人的有效护理与护理所需人力资源紧缺之间的矛盾日益加剧。饮食护理是最重要的日常活动，护理人员必须频繁地与被护理者交流，以便帮助他们选择食物、选择喂食的时间间隔等。这些护理活动必将耗费大量人力资源，而现有的机器人技术日渐成熟，特别是语音识别和图像处理技术的发展，已经可以代替这些护理人员了。饮食护理机器人为残疾人和失能老年人的日常饮食护理活动提供了一个有效的解决方案。它可以为需要护理的人提供饮食支援，其服务的对象主要为失能老年人和残疾人，特别是手部残疾或那些因患有脑血栓、肌肉萎缩而造成手部不灵活，甚至手缺失的患者。

### （二）智能康复机器人

机器人辅助技术是医疗机器人的重要分支，已经成为国际机器人领域的一个研究热点。在康复领域，机器人辅助技术不仅提供了有效的治疗和评价手段，而且为深入研究人体运动康复规律，以及大脑与肢体的控制和影响关系提供了另一种途径。使用机器人辅助治疗提高了效率和训练强度，是较常规治疗手段更具有发展潜力的康复手段。个人护理机器人则是机器人辅助技术在服务机器人中最重要的应用。

1.外骨骼机器人

外骨骼机器人作为一款辅助人体康复的装备得到了广泛的应用。民用领域方面，外骨骼机器人可以帮助老年人正常行动；医疗领域方面，外骨骼机器人在辅助残疾人正常生活的同时，也大大减轻了医务人员的工作压力。一项个案研究报道，慢性偏瘫患者接受为期六周的机器人训练后，其行走耐力、速度和步行能力都有明显改善。其他研究者不仅发现机器人训练能够改善慢性期偏瘫患者步行能力，还对患者的平衡功能甚至平衡信心有积极影响。配合机器人的主动训练也有助于严重下肢功能障碍患者步行能力恢复。高速机器人训练比传统的步行训练方式更能改善患者的步行能力及平衡功能。

外骨骼机器人是把人的智力与机械力量融为一体的机电系统，靠人的智慧来控制机器人，发挥机器人能量动力的优势，辅助人类完成自身无法完成的任务。外骨骼机器人集成了传感、控制、信息耦合、移动计算等机器人技术，为人类提供了身体支撑、保护、助力。

2.儿童上肢康复机器人

脑瘫是因各种因素导致脑部非进行性病变，形成永久的、可以变化的姿势异常或运动异常。对脑瘫患儿要采取早期护理干预，年龄越小，康复效果越好，而脑瘫造成上肢功能障碍及智力落后的患儿通过儿童上肢康复机器人康复治疗，效果明显。

儿童上肢康复机器人辅助治疗小儿脑瘫，可以使患儿在语言表达及认知能力上有明显的提升。由于康复机器人是通过患儿的肢体活动度来调节操作模式的，因此对患儿肌张力和改善关节活动度有一定的影响。通过常规护理与儿童上肢机器人的辅助康复治疗训练，可降低患儿肌张力，改善肩关节、肘关节、腕关节的活动度，从而提高患儿的运动能力。

儿童上肢康复机器人将上肢训练和认知训练结合起来，在屏幕上出现几十种不同的场景，患儿握住机器人通过机器人手臂去抓去握，从而达到康复训练目标，有利于认知障碍的患儿脑功能恢复。儿童上肢康复机器人的优势是可以在大范围的三维运动空间内进行上肢体重支持，它可以支撑整个上肢，并提供以下自由运动方向：肩关节水平内收或外展、肩关节前屈或旋后、腕关节屈或伸等。上肢康复机器人可以灵活地为患肢提供驱动力，既可以提供平面运动训练，也可以带动肩和肘进行三维运动。比如河南省郑州市儿童医院等医院已开始对脑瘫患儿进行儿童上肢康复机器人辅助治疗，康复效果良好。

### （三）智能康复辅具

康复辅具是残障人（包括老年人、残疾人、伤病人）补偿或改善功能，提高生存质量，增强社会生活参与能力的最直接有效的手段之一。对于残疾人补偿或替代其身体功能障碍，对于老年人提高或改进其日常生活活动能力，对于伤病人采取非手术、非药物的工程手段帮助其恢复健康，康复辅具是帮助残障者回归社会的最基本和最有效的手段。对于某些身体功能障碍，配置辅具都是必不可少的。其甚至是唯一的康复手段。

我国政府正构建辅助器具适配体系，推进无障碍建设；制订和实施国家残疾预防行动计划，有效控制残疾的发生和发展。康复辅具迎来了前所未有的重要战略发展机遇，也面临艰巨的挑战。

在听力语言残障康复方面，尽管我国近年来取得了较快发展和显著成绩，但听力语言学科间缺乏深入的整合和创新。国产助听器质量较差，无法广泛推广和应用。进口产品价格虚高，很多听障家庭无法承担相关费用。助听器听力补偿技术与人工耳蜗听觉重建技术缺乏客观系统的评估。人工耳蜗自20世纪80年代问世以来，全世界已有近10万名聋人植入了人工耳蜗，其中2/3以上为儿童，而我国至今全部依靠进口，尚无自己的产品。进口人工耳蜗产品价格过高，多数家庭无法负担购买装置及之后的听力语言康复费用。

1.智能假肢

智能假肢是由人、计算机和控制系统组成的人机一体化系统，是康复辅具发展的一个重要方向。智能假肢相对于传统假肢，具有感知外界条件变化（来自使用者和接触环境）并进行自适应的能力，可以使穿戴者感觉更加舒适。

2.智能矫形器

目前，研究的智能矫形器主要包括上、下肢智能矫形器。从功能上看，外骨骼机器人（动力外骨骼）属于矫形器的范畴，是一种与穿戴者肢体紧密贴合并一起运动，通过提供外力来满足人体对机动性和支撑性需要的可穿戴型机器人。外骨骼康复机器人正在逐渐取代早期的末端导引式康复机器人。比如上海大学正在研制一种下肢步态矫形器。又如清华大学、上海交通大学、西安交通大学、天津大学、河北工业大学、中国科学院合肥智能机械研究所等相关科研机构，也正在开展下肢外骨骼技术的相关研究工作，在该领域也进行了一些有益的探索。

3.智能助行器

智能助行器是辅助人站立与行走的智能化的工具和装置。为帮助和改善各种下肢功能障碍人群的步行能力，智能移动辅具已成为国内外机器人与康复领域的研究热点。长安大学与陕西福音众达电子科技有限公司联合研制的截瘫康复机器人助行器，适用于T4和T4以下脊髓损伤，以及一切下肢肌无力的截瘫患者。它能使患者像正常人一样站立和行走。

4.智能家居与环境控制辅具

智能环境控制辅具帮助重度残障者控制家居中的日用电器设备，提供一个利用残障人尚有的功能与电气设备间的人机接口。所利用的功能是某一部位的动作，如某一手指的微动、眼球动作、声音、吹气等。人机接口由传感器、处理电路和信号发送等部分组成，通过它们将人体动作转变成电信号，并与须操作的设备连接。基于脑机界面的环境控制系统的研究正引起各国的重视。

脑机接口系统是神经科学和信息处理技术学科交叉的一项创新成果。人在思维时，大脑皮层会出现特定的电活动，在头皮记录到的这种电活动通常称为脑电波。通过实时记录脑电波，在一定程度上解读人的简单思维，并将其翻译成控制命令，来实现对计算机、家用电器、机器人等设备的控制。基于脑机接口原理设计的装置有望帮助神经肌肉系统瘫痪的病人实现与外界的交流，例如环境控制、轮椅控制、操作计算机等。

许多国家的实验室开始探索和开发脑机接口技术。这项技术是为帮助那些因神经肌肉损伤而行动受到阻碍的人（如肌肉萎缩、中枢神经系统损伤、重度中风等病人），使他们不需要依靠周围的神经和肌肉，只利用脑部的信号来达到与外界沟通、传递信息、自主活动及自我照顾等目的。脑机接口技术的发展，不但能够节约社会资源，减轻病人及其家庭的痛苦，还能让病人独立行动，建立患者与外界的沟通桥梁，提高病人的生活品质，有着很大的经济效益和社会效益。

清华大学成功开发脑机接口系统，可用思维踢足球。只要戴上特殊的电极帽，盯着按不同频率闪烁的放大的数字键盘，在心中读出键盘上的数字，就能将脑电波传入计算机，通过计算机完成拨打电话。经过训练，就可以通过大脑控制外物，由于系统只是记录信息，不刺激大脑，所以不会损伤大脑意识。清华大学医学院神经工程研究所的专家们成功地研制出脑机接口系统。清华大学医学院神经工程研究所对处理和解读神经信号方面的课题已展开了近20年的研究。

这项研究最初的想法是帮助那些丧失了运动能力但大脑功能正常的残障人，让他们通过这样的系统用自己的思维直接操控轮椅、假肢，甚至使用计算机。目前这一研究已经成为新兴交叉学科——神经工程的核心研究领域，它极大地推动了人们对于人脑思维能力的认识和利用。这项技术不仅在残障人康复领域，而且在军事、人工智能、娱乐等方面的应用也初见端倪。当然，人类离完全解读思维的奥秘还有很长的路要走，也许这个过程将是无止境的，目前的工作也只是掀开了人类简单思维活动的一角，并通过工程方法的创新找到了应用的途径。目前实验室已经和国内一些医学康复研究机构开展合作，研究如何利用这种系统帮助残障人提高生活质量或者加速康复。

## 二、虚拟助理

广义的院后康复既包括需要借助器械的功能康复，也涵盖出院病人的依从性管理，其关键在于"配合"，在传统模式下主要指出院病人与医生及康复师之间的配合，但由于医生难以顾及院后随访，而康复师又极为缺乏，使得院后康复难以实现。"人工智能＋院后康复"可以通过虚拟助理应用实现医疗管理的目标。

### （一）院后随访管理及康复监控

医疗随访是医疗服务机构医疗服务管理过程中较为重要的一个部分。医疗随访可获得患者愈后身体恢复情况、治疗的远期效果及各种治疗方案在临床上的后期表现情况等相关临床数据，医疗服务机构通过对医疗随访信息数据进行统计分析，并加以利用，为医学教学、服务管理和科学研究提供客观、真实的医疗服务结果，并指导医疗服务管理向科学化、精细化方向发展。在我国，门诊、固定电话预约和邮寄信件是过去主要的随访方式，随着计算机管理和网络通信技术的发展，对随访服务的管理更加趋向智能化，过去用纸质记录卡来记录随访情况的方式越来越不能适应医院的信息化、数字化管理。

一方面，居民经济水平的改善，对生活质量的要求也得到了提升，如对身体健康更加重视，一旦身体不适，大部分人就会到医疗服务机构寻求医生的帮助。

由于各地区的经济发展不平衡、医疗资源的配置不合理、传统的医疗服务机构的服务方式存在诸多弊端等，导致医疗服务效率低，医疗服务的总体质量差。有的患者术后医疗随访服务不到位，导致疾病复发或患者身体恢复的质量差，由此医疗服务机构经常受到患者的批评和责难，随访引发的医疗服务问题及医患纠纷的报道经常见诸网络、报纸等媒体，引起社会群体、医疗服务机构及医疗卫生行政管理机构的广泛关注。

另一方面，计算机、互联网、人工智能和网络通信技术被大量应用于医疗服务领域，医院的数字化建设正被各医疗服务机构的管理者所关注，医院信息管理系统（Hospital Information System，HIS）目前在大部分医院已建成，针对临床的手术安排、药品供给和医护值班安排的信息化系统临床信息系统（Clinical Information System，CIS）也广泛应用，提高了手术室的利用率，方便医生护士及时了解手术患者的状况；同时，为便于医生对医学影像资料的读取，影像归档和通信系统（Picture Archiving and Communication System，PACS）、放射科信息管理系统（Radiology Information System，RIS）等也在医疗服务管理过程中被应用。这些信息系统为患者疾病诊治和身体的康复带来了传统医疗服务方式无可比拟的积极作用。

远程医疗随访服务是医疗服务的延伸，基于网络的随访更具有对患者疾病复发或并发症处理上的及时性和有效性，对患者术后身体的康复有一定的积极作用，同时也可以为医疗服务机构的服务模式创新提供参考。

在我国的一些经济较发达的城市，许多医院的患者较集中，医护人员对运用计算机网络进行医疗服务不是很专业，基本还停留在了解的阶段，临床远程医疗服务工作的正常开展无法得到保证，导致远程医疗随访服务管理工作不具备科学性、系统性及合理性。

"人工智能＋语音随访"是国内对于院后随访的一种尝试，以科大讯飞为首的人工智能公司在该领域已开发相关产品。目前可以实现以下功能：

一是对于定期需要到社区体检的居民提前电话告知，询问居民能否来体检，并采集统计居民的回复，方便医生安排工作；向居民告知一些社区活动、专家坐诊、签约政策宣传等。

二是对一些慢性病，如高血压、糖尿病等患者，定期进行电话随访，询问居民病情，根据病情提醒居民一些注意事项。

三是对居民定期进行一些健康资讯、养生知识等的宣传贯彻，让居民切身感受到家庭医生服务的获得感。

对于居民而言，定期的随访提醒，让其能够及时得到医疗服务，节省就诊时间，提升获得感；对医生来说，能够减轻随访工作量，节省大量的时间，提升绩效考核指标，提高签约医生首诊率、转诊率、慢性病控制率，以及提升居民对社区服务的满意度；对于基层卫生机构，提升社区的服务能力和服务范围，节省服务成本、提升居民和医生满意度，提高签约机构就诊率；对卫生主管单位来说，能够及时了解基层机构和医生服务情况，提升家庭医生知晓率、签约率、基层首诊率等指标。

### （二）远程康复管理

远程康复是指应用互联网技术和通信技术在不同地点间传输电子康复数据，方便快捷，无时空界限，为偏远地区和医疗技术不发达地区的待康复人群带去福音，具有跨时空、零距离和实时互动的特点，在脑卒中病人康复、慢性病护理、老年人护理和儿童保健等方面广泛应用。根据参与者和实施场所的不同，分为家庭远程康复（HTR）、远程指导的家庭康复（HRTG）、社区远程康复（CTR）和远程指导的社区康复（CRTG）。HTR是指病人利用电视、计算机等设备，接受设备终端专业康复医师的指导，模拟一对一的康复锻炼。HRTG是指社区医务人员在病人家中对其进行康复治疗，同时接受专业康复医师的指导。CTR是指病人在社区医疗中心借用其场地和技术设备，接受专业康复医师的指导。CRTG使社区医务人员在对病人进行指导的同时，还能接受远方专业康复医师的指导。

专业人员通过远程会诊、远程培训、远程心理疗法、远程监控对病人开展指导。

科技的发展，特别是通信技术和互联网技术为远程医疗与远程康复的应用提供了技术保障。在病人、照顾者、社区医护人员与专业康复人员间通过电话、数字电话、视频会议、文件传递、电子邮件、多媒体技术模拟面对面的康复训练，专业人员对训练的强度和时间进行全面监督；针对病人病情制作Flash动画、功能锻炼动作图解，通过电子邮件进行资源传递。

作为一种新兴的康复手段，远程康复可以通过双向互动通信技术为患者提供远距离的康复服务，包括疾病的咨询、预防、诊断和治疗。目前已有证据表明，远程康复与住院康复相比，在提高卒中患者的运动功能和日常生活活动能力上具有相同的效果，但远程康复可节约患者的时间和交通成本。同时，调查还发现卒中患者对远程康复设备有很高的需求。

远程康复设备的硬件主要由传感器、患者终端、医生终端、云服务器组成。目前，远程设备的传感器大多有训练功能局限、体积大、不易穿戴、价格昂贵等缺点。如奥地利Tyromotion研制的Pablo系统是一个手持式的康复设备，该设备里含有一个传感器，可以感知关节的屈伸角。配合一系列应用软件，它可以为病人提供交互式的康复训练。然而，单个传感器不能重建涉及多关节的运动状态，因此无法完成复合关节或全身的康复训练。还有一类是基于机械臂的远程康复设备，它可以通过机械臂里的传感器探测上肢的姿态，并通过配套软件以交互方式协助病人训练，这类产品包括MIT研制的MIME、MIT-MANUS及各种CPM机等。

# 第六章　人工智能在其他领域的应用

## 第一节　人工智能技术在机器人领域的应用

### 一、机器人概述

机器人是集机械、电子、控制、计算机、传感器、人工智能等多学科及前沿技术于一体的高端装备，是制造技术的制高点。目前，在工业机器人方面，其机械结构更加趋于标准化、模块化，功能越来越强大，已经从汽车制造、电子制造和食品包装等传统应用领域转向新兴应用领域，如新能源电池、高端装备和环保设备，在工业领域得到了越来越广泛的应用。与此同时，机器人正在从传统的工业领域逐渐走向更为广阔的应用场景，如以家用服务、医疗服务和专业服务为代表的服务机器人，以及用于应急救援、极限作业和军事的特种机器人。面向非结构化环境的服务机器人正呈现欣欣向荣的发展态势。总体来说，机器人系统正向智能化系统的方向不断发展。

人工智能与机器人不同。前者解决学习、感知、语言理解或逻辑推理等任务，若想在物理世界完成这些工作，人工智能必然需要一个载体，机器人便是这样的一个载体。机器人是可编程机器，通常能够自主或半自主地执行一系列动作。机器人与人工智能相结合，由人工智能程序控制的机器人称为智能机器人。

让机器人成为人类的助手和伙伴，与人类或者其他机器人协作完成任务，是新型智能化机器人的重要发展方向。为了使机器人更加全面精准地理解环境，需要机器人配置视觉、声觉、力觉、触觉等多传感器，通过多传感器的融合技术与所处环境进行交互，使机器人在动态和不确定的环境下完成复杂、精细的操作任务。一方面，借助脑科学和类人认知计算方法，通过云计算和大数据处理技术，可以增强机器人感知环境、理解和认知决策的能力；另一方面，需要研制新型传感器和执行器，机器人通过作业环境、人与其他机器人的自然交互、自主适应动态环境，提高机器人的作业能力。此外，当今兴起的虚拟现实技术和增强现实技术也已经应用在机器人中，与各种穿戴式传感技术结合起来，采集大量数据，采用人工智能方法来处理这些数据，可以让机器人具有自主学习人的操作技能、进行概念抽象、实现自主诊断等功能。此外，汽车智能化是汽车发展的必然方向，无人驾驶技术正使得汽车不断机器人化。科幻世界也正在一步步变为现实。

### （一）机器人感知

随着机器人技术的不断发展，其任务的复杂性与日俱增。传感器技术为机器人提供了感觉，提升了机器人的智能，并为机器人的高精度智能化作业提供了基础。传感器是指能够感受被测量并按照一定规律变换成可用输出信号的器件或装置，是机器人获取信息的主要源头，类似人的"五官"。从仿生学观点来看，如果把计算机看成处理和识别信息的"大脑"，把通信系统看成传递信息的"神经系统"，那么传感器就是"感觉器官"。

传感技术是从环境中获取信息，并对之进行处理、变换和识别的多学科交叉的现代科学与工程技术。其涉及传感器的规划设计、开发、制（建）造、测试、应用及评价以及相关的信息处理和识别技术等。传感器的功能与品质决定了传感系统获取环境信息的信息量和信息质量，是高品质传感技术系统构造的关键。信息处理包括信号的预处理、后置处理、特征提取与选择等。识别的主要任务是对经过处理的信息进行辨识与分类，可利用被识别对象与特征信息间的关联关系模型对输入的特征信息集进行辨识、比较、分类和判断。

1.视觉在机器人中的应用

人类获取信息的90%以上来自视觉，因此，为机器人配备视觉系统是非常自然的想法。机器人视觉可以通过视觉传感器获取环境图像，并通过视觉处理器进行分析和解释，进而转换为符号，让机器人能够辨识物体并确定其位置。其目的是使机器人拥有一双类似于人类的眼睛，从而获得丰富的环境信息，以此来辅助机器人完成作业。

在机器人视觉中，客观世界中的三维物体经由摄像机转变为二维的平面图像，再经图像处理输出该物体的图像。通常机器人判断物体位置和形状需要两类信息，即距离信息和明暗信息。毋庸置疑，对于物体视觉信息来说，还有色彩信息，但它对物体的位置和形状识别不如前两类信息重要。机器人视觉系统对光线的依赖性很大，往往需要好的照明条件，以便使物体所形成的图像最为清晰、检测信息增强，克服阴影、低反差、镜反射等问题。

机器人视觉的应用包括为机器人的动作控制提供视觉反馈、移动式机器人的视觉导航以及代替或帮助人工进行质量控制、安全检查所需要的视觉检验。

2.触觉在机器人中的应用

人类皮肤触觉感受器接触机械刺激产生的感觉，称为触觉。皮肤表面散布着触点，触点的大小不尽相同且分布不规则，一般情况下指腹最多，其次是头部，背部和小腿最少，所以指腹的触觉最灵敏，而小腿和背部的触觉则比较迟钝。若用纤细的毛轻触皮肤表面，只有当某些特殊的点被触及时，人才能感受到触觉。触觉是人与外界环境直接接触时的重要感觉功能。

触觉传感器是机器人中用于模仿触觉功能的传感器。机器人中的触觉传感器主要包括接触觉、压力觉、滑觉、接近觉和温度觉等，触觉传感器对于灵巧手的精细操作意义重大。在过去的30年间，人们一直尝试用触觉感应器取代人体器官。然而，触觉感应器发送的信息非常复杂、高维，而且在机械手中加入感应器并不会直接提高它们的抓物能力。我们需要的是能够把未处理的低级数据转变成高级信息，从而提高抓物和控物能力的方法。

近年来，随着现代传感、控制和人工智能技术的发展，科研人员对包括灵巧手触觉传感器、使用所采集的触觉信息结合不同机器学习算法实现对抓取物体的检测与识别，以及灵巧手抓取稳定性的分析等开展了研究。目前，主要通过机器学习中的聚类、分类等监督或无监督学习算法来完成触觉建模。

3.听觉在机器人中的应用

人的耳朵同眼睛一样是重要的感觉器官，声波叩击耳膜，刺激听觉神经的冲动，之后传给大脑的听觉区形成人的听觉。

听觉传感器用来接收声波，显示声音的振动图像，但不能对噪声的强度进行测量。其是一种可以检测、测量并显示声音波形的传感器，被广泛用于日常生活、军事、医疗、工业、领海、航天等领域，并且成为机器人发展所不能缺少的部分。在某些环境中，要求机器人能够测知声音的音调和响度、区分左右声源及判断声源的大致方位，甚至是要求与机器进行语音交流，使其具备人-机对话功能，自然语言与语音处理技术在其中起到重要作用。听觉传感器的存在，使机器人能更好地完成交互任务。

## （二）机器人控制

### 1.机器人控制概述

机器人控制即运动控制，包括位置控制和力控制。位置控制就是对于路径规划给出的运动轨迹（路径），控制机器人的肢体（如机械手）产生相应的动作。力控制则是对机器人肢体所发出的作用力（如机械手的握力和推力）大小的控制；运动控制涉及机器人的运动学和动力学特性，所以，运动控制的研究需要许多运动学和动力学的知识。总体来讲，机器人运动控制比较困难。其主要原因在于要求的运动轨迹是在直角坐标空间中给定的，而实际的运动却是通过安装在关节上的驱动部件来实现，因而需要将机械手末端在直角坐标空间的运动变换到关节的运动，也就需要进行逆运动学计算。这个计算取决于机器人的手臂参数以及所使用的算法。我们知道，具有四肢的动物（包括人类），运动时会很自然地完成从目标空间到驱动器（肌肉）的转换。这个转换能力一方面是先天遗传的；另一方面也是通过后天学习不断完善的。

生物系统的运动控制为机器人的神经网络控制提供了很好的参考模型。这种控制不需要各个变量之间准确的解析关系模型，而只要通过大量的例子的训练即可实现。因此，在机器人控制中广泛采用神经网络控制技术。在运动学的控制方法中，分解运动速度的方法是比较典型的一种。它是一种在直角坐标空间，而不是在关节坐标空间进行闭环控制的方法。对于那些需要准确运动轨迹跟踪的任务，如弧焊等，必须采用这样的控制方法。分解运动速度方法的关键是速度逆运动学计算。这个计算不仅需要有效的雅可比矩阵求逆算法，而且需要知道机器人的运动学参数。如果采用神经网络，则可不必知道这些参数，因此它可作为求解速度逆运动学的另一种颇具吸引力的方法。通常的机器人运动学控制主要是基于正、逆运动学的计算。这种控制方法不但计算烦琐，而且需要经常校准才能保持精度。为此，人们提出了一种双向映射神经网络，进行机器人运动学控制。这种网络主要由一个前馈网组成，隐层为正弦激励函数。从网络的输出到输入有一个反馈连接，形成循环回路。正向网络实现正运动学方程，反馈连接起修改网络的输入（关节变量）以使网络的输出（末端位姿）向着期望的位姿点运动。这种双向映射网络不但能够提供精确的正、逆运动学计算，并且只需要简单的训练即可。在动力学控制中，关键是逆动力学计算。这里主要有以下两方面的问题：一是计算工作量很大，难以满足实时控制的要求；二是需要知道机器人的运动学和动力学参数。要获得这些参数，尤其是动力学参数，往往是很困难的。采用神经网络来实现逆动力学的计算，原则上可以克服上述两个困难。由于神经网络并行计算的特点，它完全满足实时性的要求，同时它是通过输入输出的数据样本经过学习而获得动力学的非线性关系，因而它并不依赖机器人参数。

在力控制中，无论是采用经典控制还是现代控制，都存在建模难题。因此，人们将智能控制技术引入机器人力控制中，产生了智能力控制方法。该方法应用递阶协调控制、模糊控制和神经网络控制技术来实现力控制系统。在这类系统中，力/位反馈并行输入，模糊、神经网络控制对输入信息进行并行非线性处理和综合，将处理结果（位置量）输出给位置伺服子系统。这种控制系统具有高速响应，能够完成机器人在行走中与刚性表面接触而产生位移时的实时控制。

智能机器人的控制结构通常被设计成多处理机系统的网络，并采用智能控制的分层递阶结构。如在纵向，自顶向下分为四层，每一层完成不同级别的功能。第一层负责任务规划，把目标任务分解为初级任务序列；第二层负责路径规划，把初级移动命令分解为一系列字符串，这些字符串定义了一条可避免碰撞和死点的运动路径；第三层的基本功能是计算惯量动力学并产生平滑轨迹，在基本坐标系中控制末端执行器；第四层为伺服和坐标变换，完成从基本坐标到关节坐标系的坐标变换以及关节位置、速度和力的伺服控制。

2.智能控制与操作

（1）神经网络在智能运动控制中的应用

在机器人运动控制方法中，比例-积分-微分控制（PID）、计算力矩控制（CTM）、鲁棒控制（RCM）、自适应控制（ACM）等是几种比较典型的控制方法。然而，这几种设计方法都存在以下不足：PID控制实现虽然简单，但设计系统的动态性能不好；而CTM、RCM和ACM三种设计方法虽然能给出很好的动态性能，但都需要机器人数学模型方面的知识。CTM方法要求机械手的数学模型精确已知，RCM要求已知系统不确定性的界，而ACM则要求知道机械手的动力学结构形式。这些基于模型的机器人控制方法对缺少的传感器信息、未规划的事件和机器人作业环境中的不熟悉位置非常敏感。所以，传统的基于模型的机器人控制方法不能保证设计系统在复杂环境下的稳定性、鲁棒性以及整个系统的动态性能。此外，这些控制方法不能积累经验和学习人的操作技能。为此，近20年来，以神经网络、模糊逻辑和进化计算为代表的人工智能理论与方法开始应用于机器人控制。目前，机器人的智能控制方法包括定性反馈控制、模糊控制以及基于模型学习的稳定自适应控制等方法，采用的神经模糊系统包括线性参数化网络、多层网络和动态网络。机器人的智能学习因采用逼近系统，降低了对系统结构的需求，在未知动力学与控制设计之间则建立了桥梁。

神经网络控制是基于人工神经网络的控制方法，具有学习能力和非线性映射能力，能够解决机器人复杂的系统控制问题。机器人控制系统中应用的神经网络有直接控制、神经网络自校正控制、神经网络并联控制等结构。

①神经网络直接控制利用神经网络的学习能力，通过离线训练得到机器人的动力学抽象方程。当存在偏差时，网络就产生一个大小正好、满足实际机器人动力特性的输出，以实现对机器人的控制。

②神经网络自校正控制结构是以神经网络作为自校正控制系统的参数估计器，当系统模型参数发生变化时，神经网络对机器人动力学参数进行在线估计，再将估计参数送到控制器以实现对机器人的控制。由于该结构不必对系统模型简化为解耦的线性模型，且对系统参数的估计较为精确，因此控制性能明显提升。

③神经网络并联控制结构可分为前馈型和反馈型两种。前馈型神经网络学习机器人的逆动力特性，并给出控制驱动力矩与一个常规控制器前馈并行，实现对机器人的控制。当这一驱动力矩合适时，系统误差很小，常规控制器的控制作用较低；反之，常规控制器起主要控制作用。反馈型并联控制是在控制器实现控制的基础上，由神经网络根据要求的和实际的动态差异产生校正力矩，使机器人达到期望的动态。

（2）机器学习在机器人灵巧操作中的应用

随着先进机械制造、人工智能等技术的日益成熟，机器人研究关注点也从传统的工业机器人逐渐转向应用更为广泛、智能化程度更高的服务型机器人。对于服务型机器人，机械手臂系统完成各种灵巧操作是机器人操作中最重要的基本任务之一，近年来一直受到国内外学术界和工业界的广泛关注。其研究重点包括让机器人能够在实际环境中自主智能地完成对目标物的抓取以及拿到物体后完成灵巧操作任务。这需要机器人能够智能地对形状、姿态多样的目标物体提取抓取特征，决策灵巧手抓取姿态，以及规划多自由度机械臂的运动轨迹，以便完成操作任务。

与此同时，由于传统的多自由度机械臂运动轨迹规划方法（如五次多项式法、RRT法等）较难满足服务机器人灵巧操作任务的多样性与复杂性要求，模仿学习与强化学习方法得到研究者的青睐。模仿学习是指机器人通过观察模仿来实现学习，它从示教者提供的范例中学习，一般提供人类专家的决策数据。每个决策包含状态和动作序列，将所有状态-动作对抽取出来构造新的集合之后，可以把状态作为特征、把动作作为标记进行分类（对离散动作）或回归（对于连续动作）学习，从而得到最优策略模型。模型的训练目标是使模型生成的状态-动作轨迹分布和输入的轨迹分布相匹配。通常需要深度神经网络来训练基于模仿学习的运动轨迹规划模型，而强化学习方法通过引入回报机制来学习机械臂运动轨迹。总之，机器学习及深度神经网络方法的快速发展，使智能服务机器人应对复杂变化环境的操作能力大大提升。

## 二、人工智能在机器人学习中的应用

### （一）人工智能视域下机器人学习的教育应用与创新探索

1.人工智能视域下机器人学习的适切性

在当前的教育环境中，由于智慧教育的出现，大数据系统对于学生的信息进行分析和筛选，从而利用潜在知识来推动智慧教育的良好发展。机器人学习实际上就是通过计算机来对数据进行分析，从而掌握其中的学习规律，并对其进行有效的预测。可见，机器人学习对于智慧教育而言是非常有利的。在当前的教育信息化时代，智慧教育无疑成了学生学习过程中的重要诉求，通过将学习与高科技技术相互融合，机器人学习必然会为教育生态带来帮助。通过机器人学习，教师能够提升教育质量和效率，学生也能够获得更加符合自身需求的学习服务，从而使得学生的家长们能够减轻一部分负担。

在人工智能视域下，机器人学习是当前最为先进的一种技术，在教育领域中的大数据应用有着非常良好的前景，通过对于机器人学习的应用，能够帮助学生实现知识与数据之间的连接。

2.机器人学习与教育之间的融合

从目前的情况来看，大部分教师都不懂技术，而懂技术的工作人员又不懂教育，导致教育和科学技术之间无法形成良好的结合，由于技术开发人员不懂教育导致他们对数据进行开发的过程无法从教育的角度上进行审视，而教师也无法从技术方面对数据的开发进行回应。因此，在人工智能的视域下，应将机器人学习和教育进行深度融合，具体可将技术领域和教育领域的人员组织在一起进行沟通交流，从而让技术研发人员能够充分认识到机器人学习在教育领域中的应用。

3.机器人学习在学习场景方面的应用

人工智能在教育领域中进行应用是其未来的必然发展趋势，由于在教育领域中会涉及多个学科，所以对机器人学习的要求也就变得更高，在学习不同学科时需要建立不同的应用场景，这对于机器人学习来说是较为困难的，同时也是值得创新的。机器人学习通过进行大数据分析来对各个学习内容的特点以及每一个学生的特点进行分析，并采取有针对性的教学方式，提升对学生的教育效率。

4.机器人学习对于智慧环境创新方面的应用

首先，因为教育领域的数据量十分庞大，并且缺乏秩序，所以也为大数据系统对于教育数据的分析处理增加了难度。其次，在对数据进行处理的过程中，常会遇到涉及数据隐私等问题，所以如何对数据隐私进行保护也是当前所要关注的一个重要问题。因此，在教育领域中进行大数据处理，以提升教育质量并确保教育数据得到合理化利用，需要多方面的协同配合，从而推动教育数据共享的合法性。最后，要确保教育数据能够保持个性化和标准化。如果实现了数据标准化，那么将会大幅度地降低数据交换成本，并能够实现数据的无缝整合。而数据的个性化则主要针对学生之间的差异性，从而满足不同学生对于学习的不同需求。

## （二）机器学习在机器人多模态信息融合中的应用

随着传感器技术的迅速发展，各种不同模态（如视、听、触）的动态数据正在以前所未有的发展速度涌现。对于一个待描述的目标或场景，通过不同的方法或视角收集到的、耦合的数据样本是一个多模态数据。通常把收集这些数据的每一种方法或视角称为一个模态。狭义的多模态信息通常关注感知特性不同的模态，而广义的多模态融合则通常还需要研究不同模态的联合内在结构、不同模态之间的相容与互斥和人-机融合的意图理解，以及多个同类型传感器的数据融合等。因此，多模态感知与学习这一问题和信号处理领域的"多源融合""多传感器融合"以及机器学习领域的"多视学习"或"多视融合"等有密切联系。机器人多模态信息感知与融合在智能机器人的应用中起着重要作用。

机器人系统上配置的传感器复杂多样，从摄像机到激光雷达，从听觉到触觉，从味觉到嗅觉，几乎所有传感器在机器人上都有应用。但限于任务的复杂性、成本和使用效率等因素，目前市场上的机器人采用最多的仍然是视觉和语音传感器，这两类模态一般独立处理（如视觉用于目标检测、听觉用于语音交互）。但对于操作任务，由于大多数机器人尚缺乏操作能力和物理人-机交互能力，触觉传感器基本还没有应用。

视觉信息与触觉信息采集的可能是物体不同部位的信息，前者是非接触式信息，后者是接触式信息，因此它们反映的物体特性具有明显差异，使视觉信息与触觉信息具有非常复杂的内在关联关系。现阶段很难通过人工机制分析的方法得到完整的关联信息表示，因此，数据驱动的方法是目前比较有效的解决这类问题的一种途径。

如果说视觉目标识别是在确定物体的名词属性（如"石头""木头"），那么触觉模态则特别适用于确定物体的形容词属性（如"坚硬""柔软"）。"触觉形容词"已经成为触觉情感计算模型的有力工具。值得注意的是，对于特定目标而言，通常具有多个不同的触觉形容词属性，而不同的"触觉形容词"之间往往具有一定的关联关系，如"硬"和"软"一般不能同时出现，但"硬"和"坚实"却具有很强的关联性。

视觉与触觉模态信息具有显著的差异性。一方面，它们的获取难度不同。通常视觉模态较容易获取，而触觉模态更加困难，这往往造成两种模态的数据量相差较大。另一方面，由于"所见非所摸"，在采集过程中采集到的视觉信息和触觉信息往往不是针对同一部位的，具有很弱的"配对特性"。因此，视觉与触觉信息的融合感知具有极大的挑战性。

机器人是一个复杂的工程系统，开展机器人多模态融合感知需要综合考虑任务特性、环境特性和传感器特性。

### （三）机器学习方法在足球机器人系统中的应用

机器人足球比赛是多智能体研究领域的一个标准问题，有关足球机器人的研究是目前人工智能领域研究的热点。其中，多智能体意图预测技术和路径规划的自学习技术是足球机器人研究的关键技术，二者归根结底都属于机器学习的问题。

机器学习已逐渐成为多智能体系统中一个主要的研究方向。长期以来，对于单一智能体的学习研究较多。很多比较成熟的Agent学习算法，如人工神经网络（ANN）、遗传算法（GA）、贝叶斯学习、基于实例的学习等，这些算法主要用于单一智能体的学习。即使是在多智能体环境中，每个个体的学习也是各自进行、互不干扰的。为解决一些更为复杂的问题，产生了一个新的研究热点——多智能体系统（MAS）中群体的协作学习。在MAS中，常需要多个智能体协调合作，以共同完成由单一智能体难以胜任的复杂任务，即多个智能体在合作完成任务时如何通过学习采取有效的行为，以及这种合作行为如何随时间逐步进化并适应动态变化的环境。认知心理学中归纳、解释、类比等概念的引入，至最新的统计学习和基于马尔科夫过程的增强学习的兴起，机器学习一直都在分布式人工智能领域的实践应用中起着主导作用。

1. 机器人足球比赛是人工智能领域中的一个标准问题

人工智能（AI）的概念已经不再是一个孤立的概念，它与控制理论和计算机技术等多学科的融合，走在现代科学研究的尖端，并已成为科学研究的热门话题。

计算机技术和控制理论的发展，无疑大大推动了智能理论的深入研究。

为了促进AI的研究与发展，人们提出了一些经典问题，通过对这些问题的研究，提高相关领域的研究水平。其中，最著名的问题就是国际象棋人-机对抗赛。

它是用计算机与人类进行象棋比赛。经过漫长的50年，IBM公司的"深蓝"计算机终于打败了世界象棋冠军卡斯帕罗夫。它给人类展示了计算机专家系统可以击败人类天才的可能性，同时极大地促进了包括知识表示、推理与决策、搜索等算法的研究。国际象棋人-机对抗赛作为博弈的典型问题，在人工智能领域发展了搜索与产生式理论，成为发展人工智能的第一个里程碑。

但是我们看到计算机象棋只是反映人类社会的一个侧面，它是一个单智能体对另一个单智能体在静态环境下，以非实时方式进行的知识处理问题，即单主体静态可预测环境中的问题求解。

人类天才的非唯一性，现实世界问题的分布性、动态性、实时性、多目的性以及多重制约性，远不是单智能体技术所能解决的。人类社会发生的绝大部分问题是一群多智能体对另一群多智能体在复杂的动态环境下，以实时方式进行的知识处理问题，即"多主体动态不可预测环境中的问题求解"。多智能体系统要解决的问题就是分散存在的多智能体在复杂动态环境下，通过相互通信和协调，以实时方式进行的知识处理问题。多智能体系统就是一个分布式人工智能系统。这种系统要完成的任务是由各智能体协同完成的。在这里，一个智能体是指能独立地进行决策和知识处理的系统。因此可以说，多智能体系统是发展人工智能的一个新的突破，它将过去封闭和孤立的知识系统发展成为开放、分布的知识系统，使人工智能从狭小的低谷腾飞而出，直面更多的实际应用领域。

过去既然能通过计算机象棋这个典型问题来推动搜索和产生式理论，那么现在能否找到另一种典型问题来推动多智能体系统的发展呢？答案是肯定的，那就是机器人足球比赛。机器人足球赛，顾名思义，就是制造和训练机器人进行足球比赛。比赛在两个对立的机器人足球队伍之间进行，比赛的机器人足球队由多个在动态环境下快速移动的机器人组成，每个队的队员通过相互协作的运动控制完成比赛的任务。每个机器人不断观察环境的状态，独立地进行规划与决策，然后给出对机器人左右轮速的信号，进而控制机器人队员的运动。

2.足球机器人研究中的关键问题

机器人足球比赛是一个为促进人工智能、智能机器人与智能控制技术的研究而做出的尝试，它提供了一个具有普遍意义的任务（机器人足球比赛）来评价各种理论、算法和智能体的体系结构。定义这样一个标准的问题可以对各种方法进行比较，也便利了研究进展的衡量。它促使研究人员充分利用各种先进技术，获得更好的解决方案，从而有效促进各领域的发展。

足球机器人系统中，每个队的队员通过相互协作的运动控制完成比赛的任务。每个机器人不断观察环境的状态，通过决策过程给出对机器人左右轮速的信号。在这个过程中，高层决策往往给出一个运动目标点，经过路径规划后输出对机器人的控制信号。由于机器人足球比赛是一个合作性、对抗性、有噪声的动态不确定环境，所以对于想设计一个参加机器人足球比赛的研究者来说，根本问题是设计一个多智能体系统，能够进行实时的反应，表现出目标制导的理性行为。

由于足球比赛的状态空间极大，不可能用手工的方法来编码所有可能的情形和智能体的行为，因此，使智能体能学习如何有策略地进行比赛变得极为重要。

### 三、人工智能在机器人路径规划中的应用

#### （一）基于模拟退火算法的机器人局部路径规划

模拟退火（Simulated Annealing，SA）算法是一种随机搜索算法，其原理是依据金属物质退火过程和优化问题之间的相似性。物质在加热的时候，粒子间的布朗运动增强，到达一定强度后再进行退火，粒子热运动减弱，并逐渐趋于有序，最后达到稳定。模拟退火优化过程是一个马尔科夫决策过程，基于马尔科夫过程理论，可以证明模拟退火算法以概率1收敛于全局最优值。SA算法是一种解决组合优化问题的通用算法，只要优化问题能提供一个候选方案的适应性函数或费用函数，即可使用SA算法对它求解。模拟退火方法通常应用于组合优化问题，典型的如TSP问题、大规模集成电路设计等。把机器人在未知环境下的随机漫游行为看作液体中粒子的布朗运动，则可以对其随机性的扰动应用SA方法来引导其向势能减小的方向上运动，从而实现未知环境下的在线动态规划。

#### （二）基于蚁群算法的机器人路径规划

机器人的路径规划问题非常类似于蚂蚁的觅食行为，即机器人的路径规划问题可以看成从蚂蚁巢穴出发绕过一些障碍物寻找食物的过程，只要在巢穴有足够多的蚂蚁，这些蚂蚁一定能避开障碍物找到一条从巢穴到达食物的最短路径。大多数国外文献的研究集中在多机器人系统中模拟蚁群通信与协作方式上。一些学者研究了基于蚁群算法的机器人路径规划问题。为了使蚂蚁能找到食物（目标点），在食物附近建立一个气味区，蚂蚁只要进入气味区，就会沿着气味的方向找到食物。

1.环境建模

设机器人在二维平面上的有限运动区域（环境地图）上行走，其内部分布着有限多个凸形静态障碍物。为简单起见，将机器人模型化为点状机器人，同时行走区域中的静态障碍物根据机器人的实际尺寸及其安全性要求进行了相应"膨化"处理，并使得"膨化"后的障碍物边界为安全区域，且各障碍物之间及障碍物与区域边界不相交。

环境信息的描述要考虑以下三个重要因素：①如何将环境信息存入计算机；

②便于使用；③问题求解的效率较高。采用二维笛卡儿矩形栅格表示环境，每个矩形栅格有一个概率，概率为1时表示存在障碍物，为0时不存在障碍物，机器人能自由通过。栅格大小的选取直接影响着算法的性能，栅格选得小，环境分辨率高，但抗干扰能力弱，环境信息存储量大，决策速度慢；栅格选得大，抗干扰能力强，环境信息存储量小，决策速度快，但分辨率下降，在密集障碍物环境中发现路径的能力减弱。

## 2.邻近区的建立

一般来说，蚂蚁在巢穴附近活动，在巢穴附近没有任何障碍物，蚂蚁可以在这片区域自由行走。这样在这巢穴建立一个邻近区，蚂蚁被随机放入这个区域后，自由地穿过障碍区向着食物方向觅食。

## 3.气味区的建立

任何一种食物都有气味，这种气味吸引蚂蚁朝其爬行，因此建立一个食物气味区。只要蚂蚁进入气味区，蚂蚁就还会闻到气味，朝着食物地点爬行。在非气味区，由于障碍物阻隔，蚂蚁闻不到气味，只能选择可行路径。当蚂蚁进入气味区时，它就会朝着食物方向前进最终找到食物。气味区建立方法是：从食物朝着起始位置方向直线扫描，没有遇到障碍物之前的区域为气味区。

## 4.路径的构成

路径由以下三部分构成：机器人的起始位置到蚂蚁初始位置的路径、蚂蚁初始位置到蚂蚁进入气味区位置的路径，以及蚂蚁进入气味区位置到终点位置的路径。

## 5.路径的调整

蚂蚁走过的路径是弯弯曲曲的，必须调整为光滑路径。

## 6.素的更新

一只蚂蚁在栅格上沿三个方向中的一个方向到下一个栅格，故在每个栅格目标方向格设三个信息素。每个信息素要及时更新。

## 7.算法描述

基于蚁群算法的路径规划（PPACO）步骤如下：

步骤1：环境建模。

步骤2：建立巢穴邻近区和食物产生的气味区。

步骤3：在邻近区放置足够多的蚂蚁。

步骤4：每只蚂蚁根据前文的方法选择下一个行走的栅格。

步骤5：如果有蚂蚁产生了无效路径，则将该蚂蚁删除；否则，直到该蚂蚁到达气味区，并沿气味方向找到食物为止。

步骤6：调整蚂蚁走过的有效路径，并保存调整后路径中的最优路径。

步骤7：更改有效路径的信息素。

重复步骤3～7，直到达到某个迭代次数或运行时间超过最大限度为止，结束整个算法。

## 第二节　电力系统智能化

### 一、概述

电力系统是指由发电厂、送变装置、输电线路、供配电装置和负荷用电器组成的电能产生、输送与使用系统。实现将自然界的煤炭、水、风、光、核燃料等一次能源通过发电动力装置转化成电能，再经输电、变电和配电等环节将电能供应到各种负荷电器。

随着电气化、信息化、智能化进程的加快，人们对电能的依赖越来越强，对电力系统的要求也越来越高。因此，提供运行安全、供给稳定、品质优良、节能高效的电能，成为电力系统的重要任务。电力系统与人工智能技术结合，可以充分利用自然能源，优化线路及电能传输，及时、准确地检测各类因素对电力系统的影响，实现智能调度、高效传输、合理配置，有效平衡电力系统的安全性和经济性。同时，电力系统智能化不仅会促进传统电力技术的升级换代，还将为电力系统的生产、运营、维护和管理带来颠覆性的革命。

人工智能技术已经在电力系统中的电力能源生产、安全控制、运行维护、负荷供给、市场交易等各领域得到了广泛的应用，基本形成了智能发电、智能输电、智能变电、智能配电、智能用电的全电力系统覆盖。

### （一）电力能源生产领域

在电力能源生产领域，人工智能技术已经在发电功率预测、电能生产、可再生能源储能协同等各个环节得到广泛应用。

在众多可再生能源中，风力发电是一种近乎取之不竭、分布广泛、储量丰富、绿色无污染的发电方式，但由于风向、风速的易变性、不稳定性，它的产能很难预测。

人工智能技术可以协助能源生产商和政府管理部门改变能源组合，调整化石能源使用量，增加可再生资源的产量，并且将可再生能源的自燃间歇性影响降到最低。生产者也将能够对多个来源产生的能源输出进行智能管理和调配，以便实时匹配社会、空间、实践的需求变化。

### （二）电力系统安全控制领域

在电力系统安全控制领域，人工智能技术的应用主要集中在电力系统状态监测、安全评估、风险决策、系统优化和智能调度等方面。

电力系统的安全稳定运行关系到一个国家的国民经济发展，已与经济社会发展、人民生活改善、构建和谐社会等息息相关，涉及整个社会的发展和稳定。因此，保证供电系统的稳定安全运行，不仅能够防止可能存在的电力安全事故，而且具有重要的经济和社会意义。

然而，电力系统涉及电能的生产电厂、升压变电站、输送线路、降压变电站、配电线路、用户等多个单位和环节，是一个集产、供、销于一体的庞大系统。而且由于电力能源的独特性，它的生产、输送、使用几乎是一次性、同时完成的，并要求随时、随地处于平衡。这就要求电力能源的产、输、用必须有极高的连续性，任何一个环节发生事故或中断，都可能带来连锁反应，造成电力系统的瘫痪，以及大面积停电、设备损坏、人身伤亡等，甚至造成整个电力系统崩溃的灾难性事件。

将人工智能技术应用于电力系统安全控制领域，不仅可以全面、实时、无距离监控电力系统各个环节的技术参数和生产状况，而且可以通过对系统历史大数据的自学习和评估，预测系统可能存在的安全问题和风险，并进行评估和决策，使隐患消除于未然。另外，由于电力系统各个环节自动化、无人化、智能化值守系统使用率的大幅提高，人力资本的投入得到了大幅减少，人为失误、人员伤亡事故的发生概率也在大幅降低。

电力调度一直都是保障电力系统安全稳定运行、可靠供电、各电力生产工作

有序进行的重要手段，也是电力系统中一个重要的领域。另外，电力能源的发、输、配、变、用几乎在同一时间完成，故要求调度人员时刻关注各节点电压、电流、有功无功等关键数据，调度室须24小时值班。因此，传统上对调度人员的细致性、认真性、专业性和管理能力要求都非常高。将人工智能融入电力系统后，电力调度系统可以通过大数据、计算机网络技术，实时掌握整个电网运行状况，并及时给出最优的电力调度方案，合理控制电力能源供给，保证电网安全经济运行，实现电力资源和生产的智能调度。

### （三）运行维护领域

在运行维护领域，人工智能技术的应用主要有电力系统故障诊断、监控、无人巡检等。

电力系统是由发电机组、变压器、传输线、用电器等设备组成的一个庞大系统，构成设备种类繁多、功能复杂、影响因素众多，而且随着电力系统的规模越来越大，结构也越来越复杂，发生和出现故障问题是不可避免的。因此，在电力系统运行维护中对可能出现的故障进行巡检和诊断，甚至不停电进行检测都是日常工作。

随着人工智能技术在电力系统运行维护领域的深入运用，一些运行维护无人机、巡检机器人逐渐代替人类完成了高压、高空等高危运行维护作业工作，很好地解决了人工巡检所遇到的棘手问题，突破了人工巡检工作的时间、空间局限性，降低了人力成本，可以实现线路巡检全覆盖，而且效率与人工相比得到了大幅提升。

中国国家电网在电力巡检领域使用了多旋翼无人机，各下属单位共配有各类型无人机万余架，无人机年度累计巡检杆塔超过21万次。电力巡检机器人市场也是朝气蓬勃，两栖带电作业机器人、特高压带电作业机器人等已经陆续面世，这些机器人装备了高清摄像云台、作业臂的智能系统，能够替代人工完成线路巡视、检测绝缘子串、更换防震锤等高难度动作。带电作业机器人的运用，大幅度提高了作业的效率和安全性。将来，这些带电机器人有望完全替代人工完成带电检修任务。另外，电力巡检无人机、机器人通过高精度定位，以及人工智能语音、图像等识别技术，不仅可以在恶劣的自然环境下完成人工很难完成的作业，以规模化作业大幅度提高作业效率，而且通过深度学习技术，能够针对台风等自然灾害进行电网灾害动态风险评估，减少和预防电力系统故障的出现次数与频率。

智能巡检系统通过建立配电网络仿真模型，模拟配电网络运行，实现无人值班。实时采集各回路、设备的电流、电压、功率、电能，以及谐波、电压波动等参数，可根据顺序事件记录、波形记录、故障录波，实现快速故障分析，定位和排除问题，实现变电配电站视频无缝接入。当变电站发生事故跳闸等紧急情况时，系统立即自动调用现场画面，调整摄像机姿态，捕捉现场目标。

电力系统发生故障后，人工智能系统可以自动对电网故障进行分析，通过对历史数据和调度运行经验的学习，调度员只需要进行最后判断和决策，甚至无须做任何动作，就能完成对线路故障的智能化处理。

### （四）电力系统负荷供给领域

在电力系统负荷供给领域，人工智能技术的应用主要集中在节能降耗、负荷预测、用户行为分析等方面。

百度科技园智能楼宇项目应该是人工智能在节能减排方面的一个典型应用。该智能电力系统运行一个月后，实现节电约25万度，未来预计每年仅制冷方面就可以帮助百度科技园降低100万度以上的电量消耗。

电力系统负荷预测是以电力系统负荷为对象进行的预测工作，包括对未来电力系统需求量和用电量的预测。其主要工作是预测未来电力负荷的时间、空间分布，为电力系统生产、传输、销售提供合理规划和可靠决策依据。

智能照明是一种利用人工智能技术、电磁调压和电子感应技术，对供电系统、照明环境进行实时监控与跟踪，自动平滑地调节电路的电压和电流幅度，改善照明电路中不平衡负荷所带来的额外功耗，提高功率因数，降低灯具和线路的工作温度，达到改善照明、优化供电、节约能源的目的。另外，由于计算机技术、无线通信数据传输的快速发展，分布式无线控制、远程遥控、语音控制、触摸控制等新技术也已被广泛应用于智能照明系统。

### （五）电力市场交易领域

在电力市场交易领域，人工智能技术的研究和应用主要集中在智能服务、电价预测、市场交易和竞争等方面。

人工智能在电力市场智能服务方面的应用，与其他商业服务领域相同，主要提供无人缴费、语音服务、机器人引导等日常服务。供电营业厅可以引进人工智能机器人担任营业员，为市民提供业务引导、查询、缴费等服务。当有市民走进营业厅时，便会主动上前提供业务帮助。智能化无人营业厅可以受理客户咨询、查询档案信息等电力相关业务，它还可以帮助客户查询电费、进行故障报修等服务。

## 二、电力系统智能化的典型应用

### （一）智能电厂

智能电厂是指将传感器、通信和控制等先进技术应用于电厂参量的测量、传输和控制，并将人工智能分析、优化和决策技术，与发电、传输、变送设施高度融合，在数字化、图像化、信息化、网络化的基础上形成一个新型高技术电厂。智能发电是电力系统迈向工业4.0的核心建设内容之一，对于全面提高电力系统运行效率，保障安全、经济、高效、清洁的电力供应具有重要意义。

智能电厂的本质是智能化、网络化、自动化技术在电力系统领域的高度发展与深度融合，主要体现在大数据、物联网、可视化、先进测量与智能控制等技术的系统化应用，其技术核心是智能发电技术。

智能电厂的内容是以发电过程的数字化、自动化、信息化、标准化为基础，以管控一体化、大数据、云计算、物联网为平台，集成智能传感与执行、智能管控与优化、智能管理与决策等技术。一方面。以"智能感知、实时分析、自主决策、精准执行、学习提升"五大功能为主要建设内容，使电厂和互联网的应用相结合，打造以三维建模、"互联网＋"、大数据、人员定位作为基础，集在线仿真、智能管控于一体的智能电厂。另一方面。通过一体化云平台覆盖全部业务管理，利用信息化手段联通各项职能，实现电厂生产、经营全部业务的一站式、一体化信息支撑。

将人工智能技术应用到发电厂中，加强智慧工程、智慧电厂、智慧调度、智慧检修业务建设，减少了人工干预，具备更安全、更环保、更高效、更智能的优点。智能电厂可以实时监测燃烧时煤炭污染物的含量，并将监测数据公开，比传统电厂更加经济环保。智能电厂的故障预测和诊断系统，对可能出现的故障能进行提前预判和实时诊断，根据不同的情况自动调整运行方式，进行自我修复，比传统的电厂更加安全可靠。大范围使用智能机器人进行智能巡检，可降低人工高危作业概率，可实现全天候监控，降低事故发生的可能性、提前消除隐患，不仅降低了设备损坏的概率，还减少了人力资源的消耗，节省了人力成本，延长了机器的使用寿命，降低了电厂的维护运营成本。

### （二）智能电网

智能电网是指通过先进的感知、测量、网络、控制以及智能决策支持系统，实现电力系统网络的可靠、安全、经济、高效、环境友好和使用安全的目标，其内容包括智能发电系统、智能变电站、智能储能系统、智能配电网、智能调度、智能城市用电网、智能电能表、智能交互终端、智能用电楼宇、智能家电等。

智能电网是在传统电力系统基础上，融合先进信息通信、控制、储能、新材料等技术，集成新能源、新设备等构成的新一代电力系统。其可实现电力发、输、配、用、储过程中的数字化管理、互动化交易、智能化决策与控制。

智能电网具有智能性、集成性、交互性、协调性、兼容性、安全性、高效性等特点。智能性是指电网在运行过程中仅须进行少量人为干预，甚至无人干预，电网就可自主检测、分析、解决运行时出现的异常，并快速恢复，避免断电现象的发生。集成性是指智能电网需要实现包括监控、控制、维护、管理、消费等各类信息系统设备及功能的集成。交互性是指在运行过程中智能电网系统各个单元可以与用户设备和行为进行交互，实现电网与用户高效的互动，如手机等智能终端的实时电费查询、缴费、报修、停用、开启等操作。协调性是指电力市场节点之间实现相互协调，保证电力系统运行的可靠性，并提高其管理水平，为用户提供优质的电能，提高能源的利用效率，从而实现整个网络的优化，降低维修成本，减少资源损耗。兼容性是指智能电网具有允许各种不同类型的发电、储能、用电设备接入系统，实现各种发电、储能、用电设备即插即用，满足电力和自然环境和谐发展的需求。安全性是指智能电网可以抵御外部攻击，保护关键资产和恢复核心电力组件来减小攻击带来的影响，即使受到攻击，也能够很快地进行修复，恢复正常运行状态。高效性是指智能电网可以提高电网运行和输送效率，降低运营成本，促进能源资源和电力资产的高效利用。

智能电网的建设内容包括研究先进的发电厂控制、监测及状态诊断和优化运行控制技术，提高发电厂的管理运行水平。输电环节实施输电线路状态检修管理，延长设备工作寿命。变电环节逐步实现全站信息数字化，构建具备集成、互动、自愈、兼容、优化等特征的智能配电系统，提高变配电网的可靠性。用电环节实现电网与用户的双向互动，提升用户服务质量，满足用户多元化需求。使电网适应智能电力系统安全可靠、灵活协调、优化高效、经济环保的要求，形成一体化的智能调度体系。

中新天津生态城智能电网综合示范工程是国内建设比较早的智能电网综合示范工程之一，涵盖了发电、输电、变电、配电、用电、调度六大环节，包括分布式电源接入、储能系统、智能电网设备综合状态监测系统、智能变电站、配电自动化、电能质量监测和控制、用电信息采集系统、智能楼宇、电动汽车充电设施、通信信息网络、电网智能运行可视化平台共11项示范功能建设，集中展示了智能电网智能、集成、交互、协调、兼容、安全、高效的特性。

智能电网是承载工业4.0的基础平台，对工业4.0具有全局性的推动作用。目前，国际上智能电网建设主要关注于分布式光伏、电动汽车、电工装备、综合能效、数据商业化、线上产业链金融化等方面，使智能电网更好地服务国民经济、政府部门、能源供应者、能源消费者，促进全环节、全要素供需对接和资源优化配置，构建互利共赢的电力系统新生态。

### （三）智能变电站

智能变电站是指由智能化电力系统设备组成，基于现代网络和通信技术，实现变电站内智能电气设备间信息共享和互操作的现代化变电站。其具有运行操作自动化、信息共享化、分区管理统一化、电网调度和控制智能化等特点。

智能变电站内的智能化电力系统设备可分为一次智能电气设备和二次智能电气设备。

一次智能电气设备指直接生产、输送、分配和使用电能的设备，主要包括智能变压器、智能断路器、智能开关、母线、避雷器、电容器、电抗器等。二次智能电气设备是指对一次设备和系统的运行工况进行智能测量、监视、控制和保护的设备。它主要包括智能继电保护装置、智能测控装置、智能计量装置、智能系统以及为二次设备提供电源的直流设备。

智能变压器可以监测变压器运行状态是否良好，也可以及时反映变压器在运行过程中的实时数据。当运行过程中发生故障时，系统会发出报警信号，并且会及时反馈当前设备运行过程中的参数，及时消除隐患，从而降低运行成本，提高运行时的安全性和可靠性。智能高压开关设备具备了监测诊断功能，传统变电站中的电磁式互感器也由电子式互感器所代替，从而弥补了许多设备缺陷的问题。智能变电站也更加人性化，随着低压负荷量的增加和减小，变电站输送的电量也会进行智能调节。

智能化变电站的主要功能是用于对电力系统中的电压和电流进行变换，接收发电厂电能及分配用户电能。在发电厂侧的变电站是升压变电站，其作用是将发电机发出的电能升压后馈送到高压电网中，在用户侧的变电站则是降压变电站，其作用是将电网中传输的电能降压后满足用户生产、生活需求。

智能变电站采用了先进、可靠、集成和环保的智能设备，以全站信息数字化、通信平台网络化、信息共享标准化为基本要求，自动完成信息采集、测量、控制、保护、计量和检测等基本功能；同时，具备支持电网实时自动控制、智能调节、在线分析决策和协同互动等高级功能。

智能变电站建设仍以设备智慧化改造、综合自动化智能升级、主辅设备全面监控、视频和机器人联合巡检等为主，同步建设地市信息综合管理系统和省级变电站智能决策平台；未来将实现倒闸操作一键顺控、站内设备自动巡检、人员行为智能管控、主辅设备智能联动、设备异常主动预警、故障跳闸智能决策等更多智能化功能。

由于人工智能技术的采用，智能变电站在节能环保、交互性、可靠性方面都有了很大提高。节能环保体现在智能变电站的通信方式由光纤电缆取代了传统电缆，各类电子设备中也使用大量的集成度高、功耗低的电子元件，降低了成本、环境污染和能源消耗。交互性是指智能化技术可以为电网提供详细、安全的电网运行数据信息，智能变电站对信息进行采集和分析后，可以将这些信息进行内部共享，实现了良好的交互性。安全性是指智能变电站能够有效应对外部干扰，进行诊断和分析，并能迅速采取措施进行处理，有效地预防了危险事件的发生。

### （四）智能巡检系统

在电力系统中，电气设备和线路的运行维护、日常巡检工作是非常重要的。然而，传统的电力系统巡检、维护主要是靠检修人员携带检修设备来完成，跋山涉水也是常有的事。

在电力系统设备巡检方面，智能电力巡检系统采用了基于电子标签技术、光电通信技术的数据采集管理模式，为各种电力系统设备巡检和数据管理提供了强有力的技术支持。在巡检过程中，工作人员只需要使用手持智能数据采集终端扫描录入设备编码和数据，GPRS、Wi-Fi实时传输系统会将信息上传到服务中心，就能将巡检数据输入计算机，并按要求生成所需的图表数据，及时提供给管理者和决策者必要的信息。这样既减轻了劳动强度，又增加了实时性，还有效提高了巡检质量和效率。

在存在高压、触电危险的场所，电力系统设备巡检还会使用到智能电力巡检机器人。智能电力巡检机器人以自主或遥控的方式，在不宜驻入值守或无人值守的变电站，完成对高压、高危电气设备的巡检。智能巡检机器人能够全天候自动采集变电站设备温度、设备外观、刀闸开合状态等信息，具有检测方式多样化、智能化，巡检工作标准化、客观性强等特点，且集巡视内容、时间、路线、报表管理于一体，实现巡检全过程智能管理，并能够提供数据分析与决策支持。

同时，机器人还能够在大风、大雾、冰雪、冰雹、雷雨等恶劣天气条件下工作，代替或辅助人工完成电气设备的巡检，降低了运行人员的工作强度和安全风险。机器人携带的红外热像仪和可见光摄像机等检测装置，可在工作区域内进行巡视，并将画面和数据传输至远端监控系统，对设备节点进行红外测温，以便及时发现设备发热等故障隐患。同时，也可以通过声音检测，判断变压器运行状况。另外，还可以对设备运行中的事故隐患和故障先兆进行自动判定与报警，有效消除事故潜在隐患。

在电力系统线路巡检方面，通过电力巡检无人机，检测人员可以清楚看见一些重要部件是否受到损坏，以保证电力线路的安全，保障居民的用电，使得巡检信息化、可视化、立体化、智能化。目前，无人机已经实现了日常巡检、特殊巡检，以及电网灾后故障巡检。另外，无人机还被用于电力系统线路架设，利用展放导引绳来架设线路，有效缓解生态环境保护和架线施工的矛盾。

智能电力巡检无人机还可以规划巡检线路，近距离获取巡检设备的设备图像、地形图像、电力线路图像，不仅可以确保获取数据的高效性，而且可以在多方面降低环境对信息采集与勘测的影响。智能系统对无人机采集的数据进行分析，能够全面兼顾各方面因素，充分利用有限的资源，使区域规划与线路走向更加合理，还使电力线路的巡检、架设路径得到优化。

### （五）智能电表及抄表系统

智能电表是电力系统的智能终端，除了具备传统电能表基本用电量的计量以外，还具有双向多种费率计量、用户端控制、防窃电，以及多种数据传输模式的双向数据通信等智能化的功能，而且样式也更加美观，兼备了功能性、智能性和艺术性的特点。

智能抄表系统具有身份、电表终端、数据网关等用户设置及设备管理，预购电量、无费关断、催费通知、票据打印、结算报表、自助缴费等电能计量及收费管理，分时段控制电路通断、负载功率限制、恶意负载限制、反限电插座识别、断电自动恢复功能等参数配置及负载管理，设备状态监测、房间状态监测、状态查询与记录、剩余电量与用电量查询、退费管理、多种费率设置等状态监测与数据管理功能。

智能电表及抄表系统实现了实时、精确的能源数据计量及管理功能，自动抄录用户用电数据，并且进行了分析和监测，为用户和电力企业节省了大量的时间和人力资源，既可避免对用户的打扰，又可以减少抄表人员的数量，促进人力资源按需分配。同时，可以对变电站、企业用户、居民用电等用电情况进行监测，自动生成报表并绘制相应曲线，更加便于电力企业用电管理，对能源损耗规划和供电方案制订提供有效依据。

## 三、未来发展趋势

人工智能技术融入电力系统，使电力系统能源使用更加清洁环保，资源配置更加协调高效，运营管理更加安全可靠，维护检修更加简约、准确，用电交易更加快捷、方便。

清洁环保是指在人工智能技术的应用下，能源生产侧的智能化水平大幅提升，促进了电源与电网信息的高效互通，石油、煤炭等发电原料的清洁利用率不断提升，将大幅度降低发电能耗水平和污染排放水平。

协调高效是指风能、水能、太阳能等新能源发电大幅度提升。同时，人工智能技术、大规模新能源发电并网、分布式能源智能储能系统与智能电网协调优化的广泛使用，将大幅度提升电力系统接纳新能源的能力。

安全可靠是指在人工智能、大数据、网络技术的应用下，电力系统运行数据进入平台后，通过多维度的智能数据关联和数据挖掘等分析技术，进行智能辅助决策与判断，将保障运营管理的安全可靠。

简约准确是指在维护检修过程中，无人值守、巡检机器人、检修无人机等智能设备的运用，以及自检、自恢复、自维护等功能的具备，将使电力系统的维护检修更加智能化。

快捷方便是指实现电力交易与用电客户之间的实时交互，增强综合服务能力，将为用电客户提高一个智能化、互动化、人性化、24小时全天候、全方位节能环保型的新型交易环境，使电力交易更加方便、快捷。

电力系统智能化将是未来电力企业发展的主要趋势，也是保证电力行业未来可持续发展的重要技术之一。

# 第三节　智能金融与智能楼宇

## 一、智能金融

### （一）概述

金融是指与货币、等价物的发行、流通、回笼，贷款的发放、收回，存款的存入、提取，汇兑往来业务相关的经济活动和交易。货币经营、资金借款、外汇买卖、有价证券交易、债券与股票发行、贵金属买卖的价值流通直接与间接场所，称为金融市场。而在金融市场从事经营金融产品管理、经营、交易、服务相关的价值流通行业，统称为金融行业，如银行业、保险业、信托业、证券业和租赁业等。

人工智能为什么可以在众多领域中所向披靡、无所不能呢？答案是人工智能具有自主学习能力。而学习、训练的对象就是数据。如果没有数据，人工智能的能力就无从发挥，就如"巧妇难为无米之炊"。金融领域在业务开展过程中已经积累，并还将不断生成海量数据。

因此，在金融行业应用人工智能技术具有天然优势。

智能金融（Intelligent Finance，IF）就是利用人工智能、云计算、大数据、区块链、互联网等技术实现对金融数据的理解、分析和发现，将海量、繁杂、无直接关系或无明显价值的数据，转化为有用的、直接的、有价值的金融信息，或将人工智能技术应用于金融服务、投资顾问、金融分析预测与监控、金融欺诈检测系统，全面赋能金融机构，实现金融服务的智能化、主动化、个性化、订制化，提高金融服务水平和效率，拓展金融服务的广度和深度，提升金融安全性和可靠性。

在人工智能技术的支撑下，智能金融表现出透明性、即时性、高效性和安全性的特点。其中，透明性是指基于互联网平台、大数据、区块链、人工智能的智能金融体系，解决了传统金融的信息不对称问题，实现了信息共享，并通过智能平台变得越来越透明化。即时性是衡量金融机构核心竞争力的重要指标。智能金融用户再也不用因为办理金融业务，千辛万苦地去相关机构排上几个小时的队伍。目前，许多金融平台的大数据计算能力，已经可以同时快速处理千万用户，甚至亿级以上用户的节点维度数据，各类分期贷款业务审批平均只需要几分钟就可以完成，即时金融服务肯定会成为未来的发展趋势。高效性是指金融机构在获得充足的信息后，经过大数据、智能引擎统计分析和决策，能够快速高效做出反应，为各种用户提供有针对性的服务，满足用户的个性化需求。安全性是指依托海量大数据，智能决策系统可以弥补传统征信体系不完善的缺陷，增加金融风控的维度和深度，提高决策引擎判断的精准度，提升智能金融体系的安全性。

支付宝、微信支付、苏宁支付、银联商务等一批具有雄厚实力的互联网金融企业，已经占据了智能金融新市场的主要份额。Google、APPle、Microsoft等高科技巨头也纷纷将自己熟悉的人工智能技术全面渗透到各种金融产品和服务之中。Goldman Sachs、JPMorgan Chase、Citibank等国际金融寡头，也都表示要在自己熟悉的金融地盘，加大人工智能和机器学习的研究广度与投资规模。金融机构都深信，在金融科技浪潮下，人工智能技术将全面介入金融业，更智能的金融产品和服务将会成为下一个风口。

对于普通民众，在智能金融时代，生活购物、支付方式、支付手段、财富管理、金融投资、教育娱乐都发生了翻天覆地的变化。其中，带给人们的最大感受可能就是支付方式的改变。易货、等价物、贵金属、货币、银票、支票、银行卡、信用卡、移动支付、指纹支付、人脸支付等，这不仅是货币和支付方式变迁和演化的过程，也是科技发展对人类生活影响的一个缩影。尤其是近年的移动支付，使普通用户可以通过智能手机等智能客户端，将互联网、通信网络、终端设备、金融机构有效地联合起来，可以不受时间和空间的限制，随时随地完成支付活动，避免了传统现金支付中存在的携带、保管、找零等问题。

对于商业用户，智能金融模式下智能存贷、智能收付、智能商务、智能物流等金融业务的开展，增加了金融融资渠道，有效降低了商业运营成本，扩大了商家的盈利空间。淘宝、京东、Amazon 等电商平台的出现，则扩大了商业宣传效果，减少了广告等商业运营投入。另外，基于市场份额、金融融资、销售业绩、商业竞争等方面的考虑，第三方运营资本对商业用户的补贴投入，也在一定程度上增加了商业盈利空间。

对于金融机构，智能金融的加持使运维成本大大降低，提高了盈利质量。同时，智能金融全面赋能金融机构，也提升了金融机构的服务效率，拓展了金融服务的广度和深度，使客户都能获得平等、高效、专业的金融服务，实现金融服务的个性化、订制化、柔性化。但是，人工智能技术的出现也使传统金融机构受到了前所未有的冲击，如支付宝和微信支付等第三方支付平台在结算、支付、零售、转账、理财等业务方面对传统银行业造成了很大的影响。新型与传统金融结构，在市场空间和利益分配等方面会存在许多问题与摩擦，商业竞争也会越来越激烈。

在智能金融时代，金融交易的实施方在传统消费者、商家、金融机构的三方基础上，又增加了一个网络运营商，如互联网络和移动网络运营商等。网络维系着智能金融交易流程中的每一个环节，具有核心纽带功能，也是智能金融得以实施的前提与保障。

当消费者发起商品购买的事件信息时，该消息事件会通过网络运营商支付管理系统，发送到商家的商品交易管理系统。商家在收到消费者发出选择购买商品的事件请求后，通过网络运营商支付管理系统将该消息反馈回消费者的智能终端进行确认工作，只有在得到消费者的确认操作回复时，购买事件将继续操作，否则该操作将被视为无效而终止。网络运营商支付管理系统只有在得到消费者确认的事件消息后，才进行交易记录的详细记录工作，同时也将对金融机构发出请求，在消费者和商户之间进行支付的清算工作，并且通知商家提供交易服务。然后，就是商家提供消费者所购买的物质产品或服务。

另外，新出现的区块链概念和技术，赋予智能金融和金融领域更多的含义与机遇。区块链对金融领域的直接影响就是实现流通货币电子化，增强了金融过程中直接交易双方之间的点对点关联，弱化了金融机构的中介职能。在这种新的金融交易规则中，区块链技术使机器成为金融活动的主体，使传统以"人-人"的金融交易，转变为"人-机-人"，或者"人机协作"的金融交易路径。可以想象，如果按照目前人工智能和区块链的这种金融模式发展下去，将来金融活动会是代表每个金融主体"人"的"机器"之间的金融交易，即"机器之间的金融"，也可以说智能金融将全面进入"机器时代"。

尽管目前人工智能技术的"机器化、智能化"和区块链技术的"分布化、去中心化"对金融活动的影响还存在一定的不确定性，但是人工智能背后人的"智能"，以及区块链规则中人的"中心化"是确定的，这些因素将会对金融体系产生积极的影响。

人工智能在金融行业的应用已经渗透在银行、证券、保险行业的客户营销、市场服务、市场分析、资本运营、风险监管等众多领域。在人工智能加持下，智能金融服务、智能投顾、金融分析预测、智能监管、智能风控、智能支付、智能信贷、智能营销等新型金融业务的开展大有颠覆传统金融格局之势。

### （二）人工智能在金融行业的应用

1.智能金融服务

智能金融服务就是将人工智能技术应用于客户的金融业务咨询、办理，实现金融服务的个性化、订制化、自主化，提高金融服务效率和智能化水平。

智能金融服务主要有传统的线下智能金融服务和线上智能金融服务两种。

（1）线下智能金融服务

线下智能金融服务是在传统金融服务的基础上，将物联网、人脸识别、机器人、智慧柜员机、VTM机、外汇兑换机等智能技术及设备引入金融服务，将线下所有金融设备、设施、系统无缝连接，客户从步入金融机构开始，就可以自动识别并提供各种金融服务，客户离开后则会自动退出登录，在无人化智能技术下实现了全程自助、高度智能、业务广泛、场景温馨的现代智能金融体验服务。

智能金融的无人化优势，使今天的金融服务不再像过去一样需要专业金融服务人员进行对接服务，机器人、智慧柜员机等智能终端会通过输入、触摸、语音、图像等方式完成客户的金融业务需求。目前，银行业已经成为无人化金融服务实践的主战场。众多银行"无人化"金融营业网点、智能金融设备，给客户提供了新鲜的自主化、隐私化、生活化的金融场景体验。智能化的金融机器不仅可以完成存钱、取钱的金融服务，还可以微笑说话、耐心解释、嘘寒问暖，以及进行各种人性化的交流和贴心提醒。另外，发卡、转账、查询、理财产品购买等各种功能一应俱全，不仅避免了传统金融服务排队、耗时等问题，而且极大地提高了业务办理的效率，优化了客户体验。

另外，金融机构依靠其后台庞大的数据库，智能化的自主学习机制和人脸识别技术，只需要获取客户面部信息，就可以直接推荐其曾关注过的或比较适合的金融产品和服务，为客户提供"一人一策"的精准金融服务。

据统计报道，目前各种智能金融自助终端承担了90%以上传统线下银行网点的现金、非现金、开户等各项金融业务。中国建设银行的无人银行网点，使用机器人担负起了大堂经理的角色，通过自然语言与客户进行交流互动，了解客户服务需求，引导客户进入不同服务区域，体验完成所需交易。中国交通银行曾推出人工智能智慧型交互服务机器人"娇娇"，交互准确率达95%以上，在上海、江苏、广东、重庆等省市的营业网点上岗服务。中国工商银行在"企业通"平台基础上，利用数据对接和智能设备，优化业务流程，推出了自助开户服务，对公客户仅须到网点一次，就可以完成账户开立、结算产品领取、资料打印、预留印鉴等金融业务。

（2）线上智能金融服务

线上智能金融服务是指依托计算机、互联网技术、移动通信网络，运用大数据、云计算、区块链、人工智能等科技手段，使金融行业在业务流程、业务开拓和客户服务等方面得到全面的智慧提升，实现了金融产品、风控、获客的智能、智慧化服务。相比于传统的线下智能金融服务，线上智能金融服务具有透明性、便捷性、灵活性、即时性、高效性和安全性的特点。

由于网络和人工智能技术的优势，线上智能金融真的实现了"宛如亲见"的即时、真实的金融服务。不仅可以通过远程支持平台，进行远程指导、远程审核等服务，实现金融服务的无人化、自助化，而且可以对金融数据实时采集、实时控制、实时响应，可以挖掘创造新业态和服务新形态。

互联网金融机构在人工智能研究和运用方面抢占了领先优势。如阿里旗下的蚂蚁金服已经将人工智能运用于互联网小额贷款、医疗及财产保险、个人征信、资产配置、消费服务等领域，并取得了很好效果。腾讯公司将人脸检测技术应用于在线客户的信用评估，在腾讯征信、微众银行、财付通等金融服务中得到实践。

有保险公司采用智能车险理赔方式，运用声纹识别、图像识别、机器学习等人工智能技术，进行快速核验、精准识别、一键定损、自动定价、科学推荐、智能支付，实现了车险的快速理赔，克服了以前理赔过程中出现的欺诈骗保、理赔时间长、赔付纠纷多等问题。为车险业务带来40%以上的运营效能提升，减少50%的查勘定损人员工作量，将理赔时效从过去的3天缩短至30分钟，明显提升了客服满意度。

2.智能投顾

智能投顾是金融领域中智能投资顾问的简称，是一种在线财富智能管理服务方式，根据投资者的收益目标、年龄、收入、当前资产及风险承受能力自动调整金融投资组合，通过人工智能学习算法，实现投资者的收益目标。

智能投顾能持续跟踪市场变化，根据收益目标的变动和市场行情的变化实时自动调整投资策略，围绕收益目标，为投资者提供最佳投资组合。通过人工智能、大数据、区块链技术精准追踪投资者行为，加强与投资者互动反馈，精准匹配投资者投资需求和解决金融投资中遇到的各种问题。智能投顾可以"一人一策""千人千面"，为投资者提供差异化的解决方案，提升用户体验，打造有温度的智能金融投资服务体系。

在智能投顾领域，人工智能与量化投资的结合，可以非线性地组合收益权值，较好地处理不同权值之间的信息重叠，缩短新权值的更新周期，从而让投资更加智能化，更加贴合投资者的个性化、实时化、智能化需求。

智能投顾在金融领域中的应用主要集中于大类资产配置、投资研究分析、量化交易三个方向。

大类资产配置中的智能投顾，是指将人工智能技术应用于股票类、债券类、商品类等不同种类大类资产的投资中，并在组合中配置不同类别的资产，同时根据投资者和市场形势进行动态调整。相比于传统的投顾，智能投顾有着更低的成本，使得普通投资者也能够享受专业经理人的投顾服务。同时，智能投顾充分发挥了人工智能算法优势，由机器自动执行，因此配置和执行更为高效。

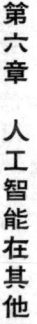

投资研究分析中的智能投顾，是指将人工智能技术应用于金融数据研究与分析，以期获得更多、更大的金融投资收益。尽管目前金融数据正在变得越来越透明且及时，然而从海量数据中提取能够提供于投资与决策的有价值数据，却变得越来越困难。例如金融数据可能是存在数据库中的数字、符号等结构化数据，也可能是文本、图片、视频、各类报表、PDF、网页等非结构化数据。利用人工智能技术，可以帮助投资者进行金融研究和分析，更快地从海量数据中发现不同信息的逻辑关系，更加精准快速地做出投资决策。

量化投资是指通过数量化和计算机程序化方式发出交易指令，以获取稳定收益为目的的交易方式。其已经几乎覆盖了投资的全过程，包括量化选股、量化择时、股指期货套利、商品期货套利、统计套利、算法交易、资产配置、风险控制等。将知识图谱等人工智能技术应用于量化投资的数据系统，可以在更广的数据场景下支持风险识别、机会提示、事件分析等高级能力。人工智能算法可以应用在投资规划、组合选择、量化择时等模块的模型训练、因子选择、参数调优中。人工智能训练处理的量化投资模型可以进行自动化交易指令的下达、执行，并能对每个交易和执行进行评价、分析和优化。比如Water Bridge公司已经利用人工智能手段取代了交易员，并将智能投顾系统应用于量化交易系统的决策、交易和分析。

3.智能金融预测与监控

金融分析预测与监控是指运用人工智能、计算机、大数据等技术，以及线性代数、概率论、数理统计等数学工具对风险资产及金融衍生品的理论价格做出定量分析，并运用了运筹学的思想方法对投资方法及企业融资策略做出比较和分析，进而聚焦于金融市场的趋势预测、风险监控、压力测试等。

具有自主学习、自我训练特征的人工智能技术能够从零散、长期的历史金融数据中获得更多信息，辅助识别非线性关系，给出价格波动、市场预测及其时效性。此外，人工智能技术还能对大型、离散、半结构化和非结构化的金融数据集进行分析，综合市场行为、监管规则、其他金融事件和趋势变化，进行反向测试、模型验证和压力测试，避免低估风险，以提高金融市场预测性和防御性。

利用人工智能技术建立的高质量的风险控制模型，可以自动分析包含大量强特征和弱特征的数据，自动判断交易风险，大幅提高信贷业务的准确率，降低坏账率，实现良性金融业务和业绩的大幅增长。

实际上，风险预测、风险监控、风险控制和信用评估一直是困扰金融领域的难题，人工智能技术的加持，会对分散、单一、弱征兆的风险信号提前进行智能侦测、评估。人工智能技术能够识别异常交易和风险主体，检测和预测房价、工业生产、失业率、金融压力、市场波动、流动性风险等，抓住可能对金融稳定造成的威胁。譬如：人工智能加持后的放贷业务，在放贷前有精准获客、智能反欺诈、全自动化审核系统进行综合审核；在贷中环节有智能风控系统实现风险评价、风险定价、智能质检进行风控监控；在贷后有贷后模型体系优化、智能催收以及智能客服等技术支持。

蚂蚁金服已成功将人工智能技术运用于互联网小贷、保险、征信、资产配置、客户服务等领域。智融金服利用人工智能风控评测系统，每笔贷款审核速度用时仅8秒左右，已经实现月均20万笔以上的放款。澳大利亚证券及投资委员会等国际监管机构，都在使用人工智能进行可疑交易识别，可以从证据文件中识别和提取利益主体，分析用户的交易轨迹、行为特征和关联信息，更快更准确地打击地下洗钱等犯罪活动，集中于监控识别异常交易和风险主体。

4.智能金融欺诈检测

随着世界经济的快速发展，金融活动逐渐频繁，金融领域的违法犯罪活动也日益增多，尤其是金融类电信诈骗、网络贷款欺诈等金融诈骗行为，已经成为最为高发的新型诈骗手段。

在金融欺诈活动中，"电信诈骗、信用卡套现、线上贷款、购物诈骗、投资诈骗"成为新的金融诈骗手段，"票据欺诈、金融凭证欺诈、信用证欺诈、集资欺诈及保险欺诈"成为新的金融欺诈形式，"智能化、产业化、团伙化、攻击迅速隐蔽、内外勾结比例上升、移动端高发"成为新的金融欺诈趋势。甚至部分诈骗组织还通过社群、传销、面授班等形式，向其他中介和个人提供技术传播、骗贷教学。如批量采集、销售用户信息，窃取金融机构和平台数据库，伪造证件、银行流水，伪造通信记录等。构建了集用户数据获取、身份信息伪造和包装、欺诈策略制定、技术手段实施等一条完整的产业链。相比于传统诈骗，新型诈骗的波及范围更广、社会危害性更高。

传统的金融欺诈检测系统由于过多依赖复杂和呆板的金融规则，缺乏有效的科技手段，已无法应对日益演进的欺诈模式和欺诈技术。因此，应用人工智能技术追踪与分析用户行为，构建自动、智能的欺诈检测和反欺诈系统，增强金融系统异常特征的自动识别能力，并逐步提高金融机构的风险检测、风险防范能力，将是金融领域在人工智能时代必须解决的首要问题。

金融机构能够利用人工智能技术对金融数据进行大规模和高频率的处理，将申请者相关的各类信息节点构建庞大网络图，在此基础上构建基于人工智能学习的反欺诈模型，并对其进行反复训练和实时识别。另外，基于庞大的知识图谱，人工智能技术能够监测整个市场的风险动态，当发现金融用户信用表现出风险征兆时，能够及时做出风险预警，启动金融风险防御机制。

许多金融机构已经可以采用人脸识别、指纹识别、虹膜识别、声纹识别等生物活体检测和大数据交叉匹配借款用户信息，判别提供信息的真假，进行智能审核；利用社交关系图谱模型、自然语言处理等人工智能建模技术，从社交关系层面有效识别团案风险；利用人工智能在客户行为埋点数据、客户社交关系等非传统建模数据，对伪冒及账户盗用等类风险的识别帮助，构建伪冒评分、账户安全评分、客户行为异常模型、设备异常行为模型等模型评分，有效识别金融风险。

人工智能赋能金融活动后，给金融领域带来千载难逢机遇的同时，也带来了许多前所未有的问题和挑战。在人工智能时代，伪造、冒充身份等金融违法成本越来越低，金融欺诈事件发生频率加快，给金融企业和用户造成的经济损失也越来越大。

总之，人工智能技术不仅可以极大地提升金融服务效率，降低交易成本，而且可以帮助金融机构提高金融欺诈检测水平，提高金融领域的风险控制和防御能力。

## （三）未来发展趋势

金融行业是人工智能等技术落地应用的重要领域之一。那么随着人工智能技术在金融领域应用深度和广度的日渐加强，未来智能金融会有怎样的发展趋势呢？

综合来看，服务普惠化、业务多样化、数据海量化、信息安全化、制度健全化或许是智能金融未来发展的最佳答案和必然趋势。

服务普惠化是指人工智能技术加持后，无论是金融服务、金融投顾、金融营销、金融支付、金融理赔的运营成本都将得到大幅降低，运行效率得到明显提高，金融服务得到升级，使得金融服务将能覆盖到更多小微企业，也使得普通客户能得到更优质的金融服务。金融也由此能更好地促进国民经济发展，提升全社会智能福利。

业务多样化是指人工智能技术将与云计算等高新技术一起为金融机构提供一个统一、智能、综合的多业务集成平台。在充分考虑信息安全、监管合规、数据隔离、中立性等要求的前提下，有效消除信息孤岛，集成金融结构的多个信息系统，为机构开展传统业务、增加新业务需求、部署业务快速上线、实现业务创新改革提供有力的技术支撑。

数据海量化是指人工智能技术将融合大数据技术，从而为金融业带来种类丰富、领域丰富的大量数据。而基于大数据的人工智能技术可以从中自主学习、自动训练，提取有价值的信息，为精确数据建模、信用评估、风险预测，以及提高金融行业运营效率提供新的技术手段。

信息安全化是指人工智能技术将协同区块链技术，充分利用其智能算法、智能感知、智能认知、去中心化、不可篡改、分布式的特点，辅以人脸识别、指纹识别、语音识别为代表的生物活体特征检测技术，实现在银行、证券、保险等多个金融业务领域的信息安全化，提高智能金融的安全保障和风险控制能力。另外，要形成信息数据灾难备份机制，建立灾难恢复体系。

制度健全化是指人工智能技术在智能金融领域遇到了前所未有的挑战，主要体现在智能代理行为加大了监管难度、监管对象趋于复杂化、违法违规行为难以认定、责任主体难以界定四个方面。因此，在智能金融时代，金融监管机构要针对人工智能特点，研究完善金融市场交易规则，加强人工智能在金融监管方面的应用，重视对用户隐私的保护，积极加强技术创新，提高金融行业风险控制能力，维护正常的金融秩序。

## 二、智能楼宇

### （一）概述

人类建造房屋，最初就是为了遮风挡雨、抵御风寒，有一个安全的休憩之地。后来，开始有了火炉、灯光，居住条件有了一定的改善，房屋的内涵也得到了进一步丰富。再后来，随着社会发展，简单、原始的房屋环境、功能已经远远不能满足人类生产、生活的需要。智能楼宇作为信息时代高新科技和建筑技术相结合的产物，应运而生，它集现代建筑技术、人工智能技术、通信技术、自动控制技术、计算机技术于一体，能更好地满足人们对建筑环境安全、舒适、便捷、高效的要求。

## （二）智能楼宇系统组成

智能楼宇主要由楼宇自动化系统（Building Automation System，BAS）、办公自动化系统（Office Automation System，OAS）、通信自动化系统（Communication Automation System，CAS）、综合布线系统（Premises Distribution System，PDS）和系统集成中心（System Integrated Center，SIC）五大部分组成。其中，楼宇自动化系统、办公自动化系统、通信自动化系统被称为"3A"，是智能楼宇必备的最基本的功能。智能楼宇的集成控制中心通过综合布线系统与各种终端相连接，各终端收集楼宇内的各种信息，通过集成中心的计算机进行处理计算后进行相应的控制。系统集成中心就相当于人的大脑，各种终端就相当于人的器官，通过综合布线系统这个"神经网络系统"将信息传达给"大脑"，最终通过"大脑"做出相应的处理，实现楼宇的人工智能。

系统集成中心是最高控制中心，通过汇总各个自动化系统的信息，监管整个楼宇建筑。通过综合布线系统把办公、楼宇、通信自动化系统连接起来形成一个相互关联、统一标准的系统，并通过软硬件设备建立信息交换中转站，从而实现集中化、高效化的管理与控制。

楼宇自动化系统负责监管楼宇内部的供配电、空调、给排水、照明、消防、电梯等子系统设备。自动检测各个子系统运行的参数，根据外部环境和状态变化自动调节设备，使其运行在最佳状态。同时保证系统在运行过程中资源的有效利用，做到资源经济化和科学化管理，在建筑物内形成安全、舒适、健康的生活环境和高效节能的工作环境。

办公自动化系统就是将先进的计算机、通信技术、网络技术与多媒体技术结合起来，实现数字化办公。通过办公自动化系统，各种文件、单据的审批、签字、盖章都可以在网上进行，支持移动办公，管理层和员工可以摆脱时间和空间束缚，随时随地轻松办公。这样就保证了公司内部各业务系统相互之间信息的及时性和一致性，做到资源的有效共享，提高了劳动效率和工作质量。

通信自动化系统具有图文通信、语音通信、数据通信和卫星通信等数据传输方式，利用有线和无线方式，提供快速、完备的通信手段和高速、有效的信息服务，实现综合化、智能化的管理。

## （三）典型的智能楼宇系统

### 1.智能供配电系统

智能供配电系统用于提供智能楼宇内部各个系统正常工作所需的动力，保证智能楼宇设备的正常运行。主要有高低压配电设备、变压器、电气参数检测设备、功率因数自动补偿装备、备用电源等，能监测和控制自身的运行状态，保证智能楼宇内部安全、可靠地供配电。

智能供配电系统可以对电气设备的各种运行参数进行监测，并自主应对各种突发状况。其主要体现在以下这些方面：第一，对高低压进线断路器、母线联络断路器、变压器断路器、直流操作柜断路器、发电机等设备状态进行监测和故障报警；第二，对高低压进线电压、电流、有功功率、无功功率、功率因数、变压器温度、直流输出电压、电流等电气参数进行检测和管理；第三，建立设备运行、检修、事故档案并生成定期维修操作单，提高设备的使用稳定性和寿命；第四，能够统计和计算智能楼宇内用电量，并且实现自动抄表、用户电费单据输出，提供用电负荷曲线；第五，发生火灾时，智能供配电系统能够自动切断相关区域的非消防电源，并提供备用发电机组与蓄电池组，保证消防泵、消防电梯、紧急疏散照明、防排烟设施和电动卷帘门等消防用电。

总之，通过供配电系统的自我监测和调控，人们无须过多关心能源供应，通过系统内部的检测和评估，可以完美检测到问题所在，做到及时解决。

### 2.智能暖通空调系统

智能暖通空调系统是人们在工作生活中最能直接感受到的智能楼宇系统，是楼宇自动化系统中最主要的组成部分。暖通空调系统的目的是提供一个优质的生产生活环境和良好的空气品质。可以根据季节气候的变化以及人类的生活习惯和生理特性，对房间或者公共建筑物内的空气温湿度、气流速度、空气清洁度等参数进行监测调节，为人们的工作和生活提供一个舒适的环境。

智能暖通空调系统主要由空调系统、通风系统、供暖系统三部分组成，包括制冷、空气处理和供热等。由于需求量大、设备种类多、分布广泛，智能暖通空调系统所需的能量也是巨大的，甚至占到建筑物能耗的70%左右。智能暖通空调系统还可以对所有暖通设备进行监控和管理，对相关设备工作状态和运行参数进行监测，并根据负荷情况对设备运行状态进行控制。

空调系统温度调节将建筑内生活工作的室温保持在夏季25～27℃、冬季16～20℃。过于潮湿或者过于干燥的环境都会使人感到不舒服，空调系统湿度调节相对湿度保持夏季在50%～60%之间，冬季在40%～50%之间。生产、科研实验等不同的生产工艺对温湿度的要求又各不相同，空调系统都会对其模式参数进行预先设定。空调系统内部还搭载了检测装置，随时监测风机运行状态，根据风机两侧的压差，异常时进行报警。当风机运行累积量达到设定值时，提醒维修。检测装置还能与消防系统进行互联，发生火灾时，关闭风机，停止空调的工作。

通风系统可通过对室内外空气的控制来降低空气污染物的传播与危害。其包括风机、送风管道、过滤器、控制系统等装置。除了常规的温湿度，许多场合对空气质量、空气压力等都有所要求。像精密加工、医药制作、食品制作车间要求高清洁度，进行正压调节，避免不满足条件的空气进入；对化肥、农药、化工制作所产生有害气体的处理，污染物处理以及病毒感染隔离等场合，进行负压调节，避免有害气体泄漏。

供暖系统可为智能楼宇提供生产生活所需的热源，包括热水锅炉房、换热站和供热网，主要有燃烧系统和水系统两部分。燃烧系统可根据所需热量的要求控制风机、引风机的风量，炉膛的压力，热水流量、温度，以及燃料的供应来调节锅炉内的燃烧状况，使得燃料燃烧充分，提高了能源的利用率。水系统可保证主循环泵的正常工作及补水泵的及时补水，保证锅炉内水位的正常，避免因少水而产生的危险；通过对供水量的统计能计算所供热量数据及供水量、燃料量数据等统计信息，并根据相关要求调节水泵的数量及转速来调整不同楼宇区域的循环流量，使得暖气保质保量地输送到需要的部位。

3.智能给排水系统

给排水系统是为人们的生活、生产、市政和消防提供用水以及废水排除设施的总称，是任何建筑中不可或缺的一个重要组成部分。该系统包括给水系统和排水系统。

给水系统由给水水源、取水设备、水管道、给水处理厂为智能楼宇内居民、公司和机关单位等提供生产、生活、工程、消防用水。智能建筑中，给水系统可以将水经过处理后通过水管合理、安全、可靠地输送到各个用水单位，并满足用户对水质、水量、水压的要求，具有集取、输送、改善水质的作用。给水系统将室外水管接入室内的地下储水池、楼层水箱、配水设备、气压给水设备、生活给水泵、消防给水泵等。通常采用直接给水、水泵给水、水箱给水、联合给水等方式的智能楼宇多为高层建筑，目前普遍采用分区减压给水。低区部分直接由城市给水管网供水，高区部分由高位水箱给水、变频调速水泵给水和气压罐给水。

智能给水系统的主要功能是实时监控各种储水装置的水位、水泵、水管的工作状态，按照水量、水压等条件自动调节相关阀门和水泵，并对系统内的设备进行统一管理，保证设备正常运行，实现对水的合理分配。其可对地下蓄水池、高层水箱、楼层水池等水位和水压进行检测，当超出限制后及时进行报警；根据水位高低来控制水泵及阀门的开关，并实时检测水泵运行状态，在水泵出现故障时，及时更换备用水泵；相关的设备运行状态、时间、累积电量等也会同步记录，并可以在一定使用量时及时进行检修，为维修提供依据，做到设备的最佳给水状态。

排水系统能够将人们在智能楼宇内部生产生活中的污水、废水以及多余的地面水排除掉，其由排水池、排水管道、废水处理设施和废水处理厂等组成。其主要设备有排水水泵、污水集水池、废水集水池等。

智能排水系统可以实现对污水、废水集水池水位及排水水泵状态进行监测，通过水位高低控制排水水阀及水泵的开关。当水位达到上限时，进行超限报警，并自动启动排水水泵，直到水位降低到下限时关闭水泵。另外，可以根据设备运行时间定时进行检修，减少智能排水系统故障的发生。

4.智能照明系统

智能照明系统是智能楼宇中重要的组成之一。智能楼宇内部有着不同的区域划分，办公室、门厅、会议室、多功能厅等，不同的区域对照明有不同的要求。通常，按照使用功能的不同，楼宇照明可以分为普通照明和特殊照明两种。普通照明就是运用荧光灯和白炽灯进行一般与局部照明，特殊照明指对智能楼宇起美化作用的霓虹灯、喷泉彩灯、节日彩灯、航空障碍灯等。

智能楼宇中照明系统功能主要涉及两个方面：一方面是环境照度控制，保证建筑内部各区域实现舒适照明；另一方面是照明节能控制，在保证合理照明的基础上实现最大限度节能。这两者相辅相成，在进行环境照度控制的过程中要考虑节能控制，进行节能控制时也要考虑环境照度的合理性。

　　智能照明系统可以在全自动状态下工作，通过对基本时间段工作状态的设定，就可实现各时间段不同状态的自动转换。工作时间，系统会自动将灯光打开，并将灯光照度调节到设定的状态下。白天时，利用窗外射入的大量自然光进行照度补偿，不仅能够节约能源，还能维持室内光亮的舒适度。如果天气阴暗，室内得不到窗外照度支持时，室内灯光会自动调亮，始终维持室内在一个理想的亮度。休息时，灯光会自动营造出一个慵懒、柔和的氛围，使工作者得到很好的休息和放松。工作日结束后，系统自动将各区域灯光调暗，进入夜间工作状态，同时启动声控功能。当处于清洁状态下或者检测到清扫人员经过时，该区域灯光点亮并维持基本亮度。清扫人员离开后，延时数分钟后自动关闭。有工作人员加班时，电梯、走廊等公共区域灯光保持常亮，只有当工作人员完全离开后，才将灯光降低到安全状态或者关掉。

　　智能照明系统在智能楼宇中的应用越来越广泛，给人们的生产生活提供便利的同时，带来了更高质量的照明感受。智能化照明控制系统，运用先进的电力电子技术，集中控制，优化能源利用方式，做到了最大限度节能。智能楼宇中，照明所消耗的电能仅次于智能空调系统，通过智能照明系统的调节，可以节电30%～50%。另外，系统可以根据用户需求修改软件设置，不用再对线路硬件进行改造，极大降低了修建和改造费用。系统按照预先设定状态进行工作，即使断电后也能恢复之前的设定，便于管理。照明系统按照最佳状态运行，延长了灯具的使用寿命，减少了维修工作量和花费。控制回路与负载回路进行分离，控制回路采用低电压，不管是在后期维修还是在使用过程中，都能更好地保障人身安全。

　　5.智能停车场系统

　　在现代智能楼宇中，停车场管理系统已经成为一个必要的组成部分，是通过智能网关、网络设备、软件系统、立体车库搭建的实现集车位查询、找车取车导航、车牌识别、电子支付缴费于一体的网络系统。它通过预约车位，及时管理车辆流动信息，记录车辆出入情况和场内汽车位置信息，做到车辆动态和静态信息的结合。系统一般以车牌识别为前提，感应识别系统、APP或公众号内注册的车主信息，做到快速通行，并在离开时通过计时信息发起电子收费，车主通过微信、支付宝等进行支付。智能停车场系统按其设备结构和停车位置可分为空地、室外地下、室内地下和立体停车场等类型。近年来，随着停车场技术的成熟，停车场管理系统的规模也在朝着大型化、复杂化、高技术化和高智能化方向发展。

智能停车场系统可分为软件和硬件两部分，硬件主要是由出入口管理站内的设备、停车场内的设备及网关控制设备组成的，包括地下感应线圈、闸门机、电子显示屏、车牌识别摄像头、车位引导屏、自助缴费机、车位探测器、RFID（Radio Frequency Identification）读写器等。软件部分则由人脸识别、设备管理、数据统计、系统设置、APP等模块组成。当车辆进入停车场入口时，车牌识别摄像头及人脸识别模块开始工作，对比后台数据库内信息，在屏幕上显示查询的卡号、时间、车主等信息。根据车位引导屏可以看到车主预约车位或空余车位，并智能引导到相应车位。通过系统设置还可以限定工作人员的工作级别，相关级别管理人员只能通过登录密码在自己的管理权限内工作。每天车来车往的信息由数据统计模块进行记录，包括对车流量、收费状况的统计，并根据统计结果做成相关的报表形式呈现，方便查询和结算。

智能立体车库是一种新型的智能停车场，可以在一定程度上解决传统平面停车方式引起的停车难问题。智能立体车库一般由立柱、横梁等组成外部结构，由电机、链条、钢丝绳、传动轴、载车板等组成传动部分，由光电检测、PLC、远程监控等组成控制部分。智能立体车库能够在不规则空间内创造停车位，实现停车场在地上或地下的"见缝插针"，提高空间利用率。同时，智能车库会自动安排车辆的存取，减少汽车尾气排放，人不入库，可以降低车库内部的照明和通风，节约能源，低碳环保；对于驾驶员来说，电脑软件能够全程控制，实现智能化停车，操作简单。

6.智能安全防范系统

安全是一切活动的基础，所谓"安不忘危，乐不忘忧"。智能楼宇为了达到防入侵、防盗、防破坏等目的，采用了先进的电子器材与传感技术、通信技术、自动控制技术、计算机技术，组成一个安全防范系统，真正做到在安全上"高枕无忧"。

智能安全防范系统是楼宇自动化系统的一个重要子系统。智能安全防范系统一般由五个系统组成，其中电视监控和防盗报警系统为两个最主要的组成部分。

电视监控系统主要由摄像头、显示终端与智能控制设备组成，有图像检测、识别、分割、存储、还原等功能，可以对智能楼宇内重要地点的事物、人流等状况进行宏观监控，便于对各种突发状况进行及时报警、取证、核查。监控人员可以在观察室内及时掌握重要地点的情况，而管理人员则可以通过智能终端随时随地调取各区域的监控情况。

防盗报警系统主要由探测器、区域控制器、报警控制中心三部分组成，负责对楼宇内各个点、线、面和重点区域进行侦测监视，尤其是出入口、财务及贵重物品区域，建立完备的安全防范入侵措施。最底层的是探测器和执行器，监测非法入侵，若有异常情况发出声光警报信息，就会同时向区域控制器发送信息。区域控制器做出相应反应的同时，可以将报警信息发送到控制中心，并可以汇总整理，快速锁定异常情况原因。

电子巡更系统采用了先进的路径规划、巡航、定位技术，可以记录巡逻人员工作的时间、地点，并对路线进一步规划。通过在巡更点上安装检测器，巡更人员巡逻时，随身携带的巡更机与检测器互相交换信息，巡更点将巡更数据上传到监控中心备份，对传回的数据进行分析。通过电子巡更系统，对巡更点的规划及巡逻路线的规划，更能适用于楼宇内不同的治安状况。形成一个"电子定点、以点穿线、以线带面、点线面结合"的巡逻网络。巡逻点、巡逻时间、路线和频率的变化使得预警进一步完善，也使巡逻工作更加科学化、规范化。

通道控制系统是安全防范系统的一个子系统，不仅是建筑物的门面，也反映着楼宇的管理形象和档次，更能规范内部管理，提高安全性。通道控制系统广泛应用于食堂、宾馆、健身房、俱乐部、公司等功能性楼宇，有着门禁、考勤、限流和报警的功能。通常采用刷卡或刷脸的形式，门控器验证身份信息及操作权限后，允许通行。当有人在没有进行任何身份信息验证通过时，系统会向报警中心进行报警并记录非法闯入信息。重要的房间可以设定为双向监控管理，对进出均进行身份检测。系统自动记录每次通过人员的时间、日期、卡号、姓名、部门、职务等信息，便于后续的查询统计工作。

可视对讲系统提供访客与用户之间的可视通话，既能进行语音图像的双重识别，又能减少大量的时间和提高工作效率，成为现代智能楼宇不可或缺的一部分。用户与物业之间的无线可视对讲系统，连接到门禁、红外报警探测器、烟雾报警探测器等，形成一个完善的安全监控网络，即使人不在房间内，物业也能及时反应，为楼宇内生命财产安全提供最大限度的保障。来客进入智能楼宇内部后，按门控器上的用户编号键，该用户接通后通过可视对讲系统对来客进行身份确认，用户按下按键后，将门禁的门控锁打开。这样不仅提高了楼宇内部整体管理和服务水平，还创造了安全的居住工作环境，受到人们的广泛欢迎。

### （四）未来发展趋势

随着科学技术的进步，应用于建筑上的科技也日新月异，推动智能楼宇向更高水平发展；同时，随着观念及收入水平的不断提高，人们对智能楼宇也提出了更高的要求，主要体现为：在设计上越来越追求生态与艺术，在功能上越来越追求实用化与智能化，在生活上越来越追求绿色节能。

建筑的外观本身就是一种文化的体现，在建筑外观追求多元化的今天，其彰显着工作者和居住者的身份与形象。建筑科技的发展，为建筑外观的多样化、艺术化提供了可能性，像迪拜的帆船酒店、篮子公司的"篮子"外观。未来的建筑，设计师必将在实用性的基础上展现个性化的艺术，融入美术、艺术与人文，通过现有科技将其变成现实。通过建筑外观能够一眼看出其用途，分辨其风格。

受人工智能潮流的推动以及广大人民的追捧，智能楼宇成为未来建筑发展的主要趋势。在传感器技术、计算机技术、通信技术等多种前沿技术的基础上，与建筑艺术相融合，使得建筑物的功能得以拓展和延伸。未来，智能楼宇将以建筑物作为平台，将系统、管理和应用融为一体，在人们工作生活的需求之上自我监管控制，将建筑与家居、公司、个人进行互联，打造一个人与建筑和谐的有机整体。

相较于传统建筑，智能楼宇更加绿色节能。这主要表现在以下两方面：一是注重对建筑的采光、通风与周围环境相协调，注重空间的搭配以及对光能、风能等自然资源的使用；二是对系统内部软硬件的优化升级，减少不必要的电气设备，将各种分散的功能性设备模块化、集成化，减少冗余成本。

# 参考文献

[ 1 ]黄如花.数字信息资源长期保存理论与实践研究[M].武汉：武汉大学出版社，2023.

[ 2 ]李爱平.大数据信息技术前沿知识干部读本[M].北京：人民日报出版社，2023.

[ 3 ]何永亚.基于新信息技术的Hadoop大数据技术[M].西安：西安电子科技大学出版社，2023.

[ 4 ]翁正秋，朱添田.高等职业教育大数据工程技术系列教材：Python语言程序设计[M].北京：电子工业出版社，2023.

[ 5 ]蔡茜，陈觐.大数据预处理技术[M].北京：电子工业出版社，2023.

[ 6 ]吕云翔，姚泽良，谢吉力.大数据可视化技术与应用[M].北京：机械工业出版社，2023.

[ 7 ]张晓燕.大数据原理及实践[M].上海：上海财经大学出版社，2023.

[ 8 ]张浩，刘冲，吴艳琴.计算机信息技术与大数据应用[M].汕头：汕头大学出版社，2022.

[ 9 ]蔡晓妍，杨黎斌，程塨.文本挖掘与信息检索概论[M].北京：清华大学出版社，2022.

[10]杨东援，段征宇，李玮峰.大数据与城市交通治理[M].上海：同济大学出版社，2022.

[11]何承，朱扬勇.大数据技术与应用城市交通大数据[M].2版.上海：上海科学技术出版社，2022.

[12]张永良.新一代信息技术[M].北京：北京理工大学出版社，2022.

[13]丁兆云，周鋆，杜振国.数据挖掘原理与应用[M].北京：机械工业出版社，2022.

[14]井超，樊永生，乔钢柱.大数据技术基础及应用教程Linux＋Hadoop＋Spark [M].北京：机械工业出版社，2022.

[15]王璞.基于移动通信数据的居民空间行为分析技术[M].上海：同济大学出版社，2022.

[16]阮铭健.守望信息技术时空[M].北京：中国致公出版社，2022.

[17]韩良福，胡奇志，张明玖.健康大数据技术与应用导论[M].成都：西南交通大学出版社，2022.

[18]周晓芳，秦春磊.智慧社区大数据[M].上海：上海科学技术出版社，2022.

[19]罗森林，潘丽敏.大数据分析理论与技术[M].北京：北京理工大学出版社，2022.

[20]钟静，熊江.农业信息技术实战案例[M].北京：北京邮电大学出版社，2022.

[21]任韬，刘帅.大数据预处理：基于Python的应用[M].1版.北京：首都经济贸易大学出版社，2022.

[22]刘隽良，王月兵.数据安全实践指南[M].北京：机械工业出版社，2022.

[23]胡业飞.政府数据开放：基于大数据的合作治理创新[M].上海：复旦大学出版社，2022.

[24]刘莉莉.信息技术与艺术设计创新教育及实践[M].北京：北京航空航天大学出版社，2022.

[25]贺兴，艾芊，潘博.电力系统大数据与数字孪生系统[M].上海：上海交通大学出版社，2022.

[26]郭军.信息搜索与人工智能[M].北京：北京邮电大学出版社，2022.

[27]陈亚娟，胡竞，周福亮.人工智能技术与应用[M].北京：北京理工大学出版社，2022.

[28]卢盛荣.人工智能与计算机基础[M].北京：北京邮电大学出版社，2022.

[29]徐卫，庄浩，程之颖，等.人工智能算法基础[M].北京：机械工业出版社，2022.

[30]杨清平.人工智能（大学版）[M].北京：北京航空航天大学出版社，2022.

[31]袁红春，梅海彬.人工智能应用与开发[M].上海：上海交通大学出版社，2022.

[32]周俊，秦工，熊才高.人工智能基础及应用[M].武汉：华中科技大学出版社，2021.

[33]姚金玲，阎红.人工智能技术基础[M].重庆：重庆大学出版社，2021.

[34]丁艳.人工智能基础与应用[M].北京：机械工业出版社，2021.

[35]王恒心，李江.走进人工智能[M].杭州：浙江工商大学出版社，2021.

[36]周才健，王硕苹，周苏.人工智能基础与实践[M].北京：中国铁道出版社，2021.

[37]朱永新，程介明.人工智能与学习科学[M].太原：山西教育出版社，2021.

[38]关景新，姜源.人工智能导论[M].北京：机械工业出版社，2021.

[39]徐洁磐，徐梦溪.人工智能导论[M].2版.北京：中国铁道出版社，2021.